인간 폐지

믿음이란
한 알의 밀알이 땅에 떨어져 죽음으로 많은 열매를 맺음과 같이
진리의 열매를 위하여 스스로 죽는 것을 뜻합니다.
눈으로 볼 수는 없으나 영원히 살아 있는 진리와
목숨을 맞바꾸는 자들을 우리는 믿는 이라고 부릅니다.
「믿음의 글들」은 평생, 혹은 가장 귀한 순간에
진리를 위하여 죽거나 죽기를 결단하는
참 믿는 이들의, 참 믿는 이들을 위한, 참 믿음의 글들입니다.

인간 폐지

C. S. 루이스 지음
이종태 옮김

홍성사

스승님이 말씀하셨다.
"가닥을 잘못 잡고 시작하면 전체를 망치고 만다."

공자, 《논어 *Analects*》 II. 16

옮긴이 일러두기

1. 이 책은 루이스가 1943년 2월 24일부터 26일까지 3일간 영국 더럼 대학에서 행한 리델Riddell 기념 강연의 연설 내용으로, 같은 해 옥스퍼드 대학 출판부에서 출간 되었다.

2. 루이스가 '녹색책'이라고 불렀던 책은, 알렉스 킹Alex King과 마틴 케틀리Martin Ketley가 쓴 《언어의 통제 The Control of Language》(1940)인데, 루이스는 그 책 표지 가 녹색이어서 그렇게 불렀던 듯하다.

3. 루이스가 1장에서 비판한 두 번째 책은 비아기니E. G. Biaggini가 쓴 《영어 강독과 작문 The Reading and Writing of English》(1936)이다. 오르빌리우스Orbilius라는 이름 은 로마 시인 호라티우스Horace에게 호메로스Homer의 《오디세이아Odyssey》를 가 르치면서 매질을 했다는 악명 높은 문법교사 오르빌리우스 푸일루스Orbilius Puillus 를 따서 붙여진 이름인 듯하다.

4. 루이스가 말하는 '도'는 도덕경에 나오는 의미의 '도'가 아니라, 서구의 그리스- 로마, 유대-기독교 전통뿐 아니라, 힌두교, 유교 등을 포함한 인류의 모든 문화 전통에 공통적으로 발견되는 보편적 도덕률·자연법 사상을 통칭하는 말이라고 볼 수 있다.

5. 이 책에 나오는 공자의 《논어》는 루이스가 영국의 동양학자인 아서 웨일리Arthur Waley의 번역본을 사용한 것이다.

차례

1

2

3

4

1

가슴 없는 사람

그래서 그는 살해 명령을 내려

그 어린아이들을 살해했다.

– 〈캐럴*Carol*〉

 사람들이 초등학교 교과서의 중요성에 대해 충분히 인식하고 있
는지 의문입니다. 제가 이 강연의 출발점으로 '초등학교 고학년
생'을 위해 쓰였다는 어떤 작은 책을 택한 것은 바로 그 때문입니
다. 그 책을 쓴 (두 명의) 저자가 조금이라도 아이들을 해롭게 할
의도를 가지고 있다고는 생각지 않으며, 또 그들이 (어쩌면 출판사
가) 그 책 한 부를 증정본으로 제게 보내 준 일은 고맙게 생각합니
다. 그렇지만 그들이 그런 책을 쓰고 출간한 일에 대해서는 아무
래도 좋게 받아들일 수가 없습니다.

저는 지금 입장이 다소 난처합니다. 왜냐하면 나름으로 최선을 다한 현직 교사 두 분을 공개적 웃음거리로 만들고 싶지는 않은 반면, 그 책의 관점에 대해서는 도저히 침묵할 수가 없기 때문입니다. 그래서 저는 그들의 이름을 밝히지 않기로 했습니다. 다만 그 저자들을 가이우스Gaius와 티티우스Titius라 부르고, 그들의 책도 《**녹색책** *The Green Book*》이라 칭할 생각입니다. 하지만 그런 책이 실제로 존재하며 지금 저의 서재에도 꽂혀 있다는 사실만큼은 분명히 말씀드릴 수 있습니다.

그 책 2장에서 가이우스와 티티우스는 콜리지Samuel Taylor Coleridge[1]의 유명한 폭포 이야기를 인용하고 있습니다. 여러분도 기억하시겠지만, 그 이야기에는 여행자 두 명이 나옵니다. 한 사람은 폭포를 보면서 '장엄하다sublime'라고 말하고, 다른 사람은 그저 '볼 만하다pretty'라고 말했습니다. 콜리지는 첫 번째 판단에는 전적으로 동의하는 반면, 두 번째 판단은 얼토당토않다고 생각합니다. 그런데 이에 대해 가이우스와 티티우스는 다음과 같이 평했습니다.

"**저것은 장엄하다**라고 말할 때, 언뜻 보기에는 폭포에 대해 말하고 있는 것 같지만……실제로는 폭포에 대한 말이 아니라 자신

---

1) 1772-1834. 영국의 시인 · 비평가 · 철학자. 워즈워스William Wordsworth와 더불어 낭만주의 운동의 주창자.—옮긴이 주로서 이하 별도 표기하지 않음.

의 느낌에 대해 말하고 있는 것이다. 실상은 **내 생각 속에는 '장 엄하다'는 단어와 연관된 느낌이 있다** 즉, **지금 나는 장엄한 느낌 을 느낀다** I have sublime feelings라는 말에 지나지 않는다."

여기에는 여러 중대한 문제들이 대단히 요약적으로 제시되어 있 습니다. 그런데 저자들은 여기서 끝내지 않고 이렇게 덧붙여 말합 니다. "우리가 사용하는 언어에는 늘 이런 혼동이 존재한다. 겉으 로 보기에는 무언가에 대해 대단히 중요한 말을 하고 있는 것 같 지만, 실은 자신의 느낌에 대해 말하는 것에 불과하다."[2]

이 의미심장한 (기억하시겠지만 '초등학교 고학년생'을 위해 쓰인) 구 절이 제기하는 본격적인 문제를 다루기에 앞서, 먼저 가이우스와 티티우스가 범하고 있는 단순한 오류부터 바로잡을 필요가 있습니 다. 그들의 관점에 입각해서 보든, 다른 어떤 관점에서 보든 마찬 가지로, **이것은 장엄하다**라는 말이 결코 **나는 장엄한 느낌을 느낀 다**의 의미일 수 없습니다. 설령, 장엄성 같은 특질을 단순히 또 오 로지 우리의 감정이 사물에 투사된 것으로 본다 하더라도, 그런 투사를 촉발하는 감정은 투사된 특질과 상관관계이거나, 대부분 상반관계에 있다고 봐야 합니다. 즉, 어떤 사람이 어떤 대상을 장 엄하다고 할 때의 느낌은 장엄함이 아니라 경탄입니다. 따라서 **이 것은 장엄하다**라는 말을 굳이 그 화자의 느낌에 대한 진술로 환원

----

2) 《녹색책》, 19-20쪽.-지은이 주로서 이하 *로 표기한다. 그 외는 옮긴이 주.

해 볼 때, 적절한 표현은 **나는 겸허한 느낌을 느낀다**I have humble feelings가 되어야 합니다. 가이우스와 티티우스의 관점을 일관되게 적용할 경우, 모순에 봉착할 수밖에 없습니다. 왜냐하면 그들은 **당신은 경멸받을 만한 사람이다**라는 말을, 지금 나는 경멸받을 만한 느낌을 느낀다의 의미로 생각해야 할 것이기 때문입니다. 또, **당신의 느낌은 멸시받을 만하다**라는 말도 **나의 느낌은 멸시받을 만하다**라는 의미로 생각해야 할 것입니다. 그러나 이런 기초적인 문제*pons asinorum*로 시간을 더 끌지는 않겠습니다. 부주의로 내뱉은 말을 너무 붙잡고 늘어지는 것은 가이우스와 티티우스에게 부당한 처사이기 때문입니다.

그《**녹색책**》에서 이 구절을 읽는 초등학생은 두 가지 명제를 믿게 될 것입니다. 첫째, 가치價値 술어가 들어 있는 모든 문장은 실상 그 화자의 감정 상태를 진술한 것이다. 둘째, 그러한 모든 진술은 중요하지 않다.

사실 가이우스와 티티우스가 이런 것을 본격적으로 논하지는 않았습니다. 다만 가치를 나타내는 특정한 술어(장엄하다) 하나를 화자의 감정을 묘사하는 말로 취급했을 따름입니다. 다른 모든 가치 술어에까지 확장하여 그렇게 취급할 것인가는 학생들의 몫으로 남겨져 있습니다. 그러나 그 책에는 그러한 확장을 제어할 아무런 언급이 없습니다. 저자는 그런 확장을 바랐을 수도 있고 그렇지 않았을 수도 있습니다. 어쩌면 실제 삶에서는 그런 질문에 대해

단 5분도 진지하게 생각해 보지 않았을 수도 있습니다. 그러나 지금 저는 그 저자들이 무엇을 원했는지에 관심이 있는 게 아니라, 그 책이 초등학생의 정신에 분명히 끼치게 될 그 영향에 관심이 있습니다. 마찬가지로, 그 저자들은 가치 판단이 중요하지 않다고 말하지도 않았습니다. 그들은 단지, **"겉보기에는** 대단히 중요한 무언가를 말하는 듯하지만 실은 우리 자신의 감정을 표현한 것에 **불과하다"**라고 말했을 뿐입니다. 그러나 어떠한 초등학생도 여기서 이 **불과하다**라는 단어가 암시하는 의미를 그냥 지나칠 수는 없을 것입니다. 물론, 초등학생이 그 책에서 모든 '가치는 주관적이며 중요하지 않다'는 어떤 철학 이론까지 추론해낼 것이라고는 생각지 않습니다. 가이우스와 티티우스의 힘은 바로 그들의 책이 초등학생을 대상으로 한다는 점에 있습니다. 자신은 지금 '영어 숙제를 하고 있다'고만 생각할 뿐, 거기에 어떤 윤리나 신학이나 정치가 관련되어 있다고는 생각지 못하는 아이 말입니다. 그들이 그 아이의 머릿속에 주입한 것은 어떤 이론이 아니라 가정假定입니다. 10년 후에 그 가정은 기원은 망각된 채 아이의 무의식 속에 남아서, (논쟁으로 인식하지도 못하는) 어떤 논쟁에서 어느 한쪽 편을 들게끔 만들 것입니다. 저자들은 지금 자신들이 그 아이에게 무슨 일을 하고 있는지 거의 인식하지 못하는 것 같습니다. 그 아이도 지금 자신이 어떤 일을 당하고 있는지 모르고 있습니다.

가치 문제에 대한 가이우스와 티티우스의 정당성을 철학적으로 따져 보기 전에, 먼저 그것이 그들의 교육과정에 미치는 실제적인 결과부터 짚어 보고자 합니다. 그 책 4장에서는 어떤 유람선 관광에 대한 바보 같은 상업광고 하나를 인용하고, 그런 종류의 글이 왜 나쁜지 설명합니다.[3] 그 광고는 이 유람선 티켓을 구매하는 사람은 '드레이크 제독Drake of Devon[4]'이 항해했던 서쪽 대양을 건너가' '인도 제국의 보물을 찾아 나서는 모험'을 하게 될 것이며, 그들은 '황금 같은 시간'과 '강렬한 색'의 '보물'을 들고 집으로 돌아오게 될 것이라고 말합니다. 물론 이는 나쁜 글입니다. 사람들이 역사와 전설이 서린 장소를 방문할 때 느끼게 되는 경외감이나 즐거움을 상업적으로 진부하게 이용해먹는 글입니다. 만일 가이우스와 티티우스가 자신의 본분대로 독자들에게 (약속한 바대로) 영어 작문기술을 가르칠 요량이었다면, 그 광고문과 함께 감정을 잘 표현한 위대한 작가들의 글도 나란히 제시해서 독자들이 스스로 그 차이점을 알아차리게끔 해야 합니다. 존슨Samuel Johnson[5]의 《서쪽 섬들Western Islands》의 그 유명한 마지막 구절을 사용할 수도 있을 것입니다. "마라톤 평원에서 애국심이 강해지지 않는 사람이나, 아이오나Iona[6]의 폐허를 보며 신앙심이 뜨거워지지 않는 사람

---

3) 《녹색책》, 53쪽.*
4) c.1540-1596. 엘리자베스 1세 시대 영국의 유명한 탐험가.
5) 1709-1784. 영국의 문학가 · 비평가 · 시인 · 사전편찬자.
6) 스코틀랜드의 기독교 역사에서 특별한 의미를 지니는 스코틀랜드 연안의 섬.

은, 우리가 부러워할 것이 거의 없는 사람이다"[7]. 런던의 유구한 역사가 어떻게 "무게와 힘, 무게를 받으며 자라는 힘"[8]으로 다가왔는지를 묘사한 워즈워스의 《서곡 *The Prelude*》 한 구절을 인용할 수도 있을 것입니다. 그런 문학작품을 그 광고문과 나란히 제시하면서 독자 스스로 좋은 글과 나쁜 글을 가려내게 했다면, 이는 참으로 가르칠 만한 가치 있는 수업이 될 것이고, 지식나무와 생명나무가 함께 자라는 활력 넘치는 수업이었을 것입니다. 그뿐 아니라 문학수업이라는 장점까지 있었을 것입니다. 이상하게도 가이우스와 티티우스는 본래의 주제인 문학 이야기를 꺼려하는 태도를 보이고 있긴 하지만 말입니다.

사실상 그 책에서 저자들이 하는 일이란, 그 호화 유람선이 실제로는 드레이크 제독이 항해했던 곳으로 가지 않고, 여행객들은 전혀 모험을 겪지 않을 것이며, 가지고 돌아올 보물이란 순전히 은유에 불과하며, 마게이트Margate[9]에 다녀오는 정도로도 충분히 '모든 즐거움과 휴식'을 얻을 수 있음을 지적해 주는 게 전부입니다.[10] 저자들의 말이 전부 사실이긴 합니다. 그들보다 재능이 덜한 이들도 얼마든지 발견할 수 있는 사실이긴 하지만 말입니다. 그들

---

7) 《서쪽 섬으로의 여행 *Journey to the Western Islands*》, 새뮤얼 존슨.*
8) 《서곡》, viii, ll. 549-559.*
9) 영국의 해변 휴양지.
10) 《녹색책》, 53-55쪽.*

이 간과하였거나 혹은 괘념치 않은 것은, 동일한 감정을 다루고 있는 많은 훌륭한 문학작품들도 그 광고문과 동일한 취급을 받을 수 있다는 점입니다. 생각해 보십시오. 초기 영국 기독교의 역사가 18세기 사람의 신앙심에 대체 무엇을 보탤 수 있겠습니까? 또, 워즈워스가 묵었던 런던의 여인숙이 [다른 도시의 여인숙들보다] 더 안락하고, 런던의 공기가 [다른 곳들보다] 더 좋은 이유가 어찌 런던이 오래된 도시이기 때문일 수 있습니까? 《녹색책》이 광고문을 '허튼 소리로 취급debunk' 하는 것처럼 그렇게, 문학비평가들이 존슨이나 워즈워스(또 램Charles Lamb[11], 베르길리우스Virgil[12], 토마스 브라운Thomas Browne[13], 드 라 메어de la Mare[14] 등)의 글을 취급하지 않는 이유에 대해 가이우스와 티티우스는 초등학생 독자들에게 전혀 가르쳐 주고 있지 않습니다.

그런 구절에서 초등학생 독자들은 문학에 대해서는 아무것도 배우지 못합니다. 그들은 단지 장소와 연관되어 일어나는 감정은 모두 비이성적이고 한심한 것에 불과하다는 생각만 배울 뿐이며, 그런 믿음은 그들의 뇌리에서 결코 지워지지 않을 것입니다. 아이들은 그런 광고에 영향 받지 않을 두 가지 길이 있다는 사실은 배우

11) 1775-1834. 영국의 수필가.
12) BC 70-BC 19. 고대 로마 시인. 《아이네이스Aeneid》의 저자.
13) 1605-1682. 영국의 의사 · 작가.
14) 1873-1956. 영국의 시인 · 소설가.

지 못할 것입니다. 그런 광고의 수준보다 위에 있는 사람이나 그 수준 아래에 있는 사람에게는, 다시 말해 진정한 감수성을 지닌 사람이나 대서양을 단지 수백만 톤의 차가운 소금물 정도로만 생각하는 바지 입은 원숭이들에게는 아무런 힘을 발휘하지 못한다는 사실을 말입니다. 애국심이나 명예에 대한 거짓 호소에 선동되지 않을 두 종류의 사람이 있습니다. 하나는 겁쟁이이고, 다른 하나는 진정한 명예를 알며 애국심이 깊은 사람입니다. 아이들은 이것을 전혀 배우지 못하며, 단지 똑똑한 사람이라면 속아서 돈 낭비하는 일이 없어야 한다는 이유에서만 '서쪽 대양'의 유혹을 거부하도록 교육받을 뿐인데, 이는 참으로 위험한 일입니다. 가이우스와 티티우스는 문학에 대해서는 아무것도 가르치지 않으면서, 초등학생 스스로 선택할 나이가 되기 훨씬 전부터 그들의 영혼이, 권위 있는 많은 사상가들이 고결하고 유익하며 인간적이라고 인정해 온 것들을 경험해 볼 가능성 자체를 앗아가 버리는 것입니다.

그러나 이는 비단 가이우스와 티티우스에 국한된 이야기는 아닙니다. 제가 오르빌리우스Orbilius라는 가명으로 부르는 어떤 다른 저자의 책에서도 동일한 일이 동일한 마취법을 통해 진행되고 있음을 발견합니다. 오르빌리우스는 오스트레일리아의 초기 식민지 개척자들이 자신들의 말을 '순종적인 하인'이라고 칭찬했던 것을 '허튼 소리'의 예로 고발합니다.[15] 그리고 그 역시 가이우스와 티티우스가 그러했던 것과 동일한 함정에 빠집니다. 그는 럭쉬

Ruksh[16], 슬레이프니르Sleipnir[17], 아킬레우스Achilles의 우는 말들[18], 욥기의 군마軍馬[19] 등에 대해서는—하다못해 토끼 브러Brer Rabbit[20]와 토끼 피터Peter Rabbit[21]에 대해서도—일절 언급하지 않습니다. 선사시대 사람들의 '우리의 형제 소'에 대한 경건한 태도나, 인간 역사에서 짐승에 대한 반半의인화적 태도가 지녔던 의미와 그것을 고귀하고 흥미로운 방식으로 표현한 문학작품에 대해서도 전혀 언급하지 않습니다.[22] 심지어 과학자들이 말하는 동물의 심리문제에 대해서도 아무런 언급이 없습니다. 그는 단순히 문자적으로 secundum litteram 말은 인간의 식민지 확장 같은 문제에는 관심이 없다고 설명할 뿐입니다.[23] 그의 독자들이 얻을 수 있는 정

---

15) 오르빌리우스의 책, 5쪽.*
16) 매튜 아널드Matthew Arnold의 시 〈소랩과 러스텀Sobrab and Rustum〉(1853)에 나오는 말.
17) 그리스 신화에 나오는 오딘의 말로 발이 여덟이다.
18) 《일리아스》에 나오는 크산토스Xanthus와 발리오스Balius.
19) 욥기 39장 19-25절.
20) J. C. 해리스(c. 1848-1908)의 《리머스 아저씨 : 그의 노래와 말씀 Uncle Remus : His Songs and His Sayings》에 나오는 토끼.
21) H. B. 포터(1866-1943)의 동명 동화에 나오는 토끼.
22) 오르빌리우스는 그 나쁜 글을 동물에 대한 어떤 좋은 글과 대조하고 있다는 점에서(19-22쪽) 가이우스와 티티우스보다는 훨씬 낫습니다. 그러나 불행하게도 오르빌리우스가 제시한 그 두 번째 인용문의 우월성은 사실적 진리에서의 우월성일 뿐이며, 구체적인 문학적 문제(문자적으로는 거짓인 표현의 이용과 악용 문제)는 다루고 있지 않습니다. 물론 오르빌리우스는 "우리는 '비유적 진술 중 합법적인 것과 비합법적인 것을 구분하는 법을 배울' 필요가 있다"고 말하고 있지만(97쪽), 그는 그렇게 할 수 있는 실질적인 도움은 거의 주지 못합니다. 그러나 그의 책이 《녹색책》과는 상당히 수준이 다르다는 제 판단은 그대로 유효합니다.*

보는 이것이 전부입니다. 동일한 기준에서 보자면 마찬가지로 나쁜 글들이지만, 왜 어떤 글들은 좋은 글로 인정받는지에 대해서는 아무런 설명도 듣지 못합니다. 독자들은 그런 나쁜 글이 주는 위험에서 벗어나 있는 사람에는 두 종류—그런 위험을 넘어서 있는 사람과 거기에 못 미치는 사람, 즉 몽상적 의인화를 통해서가 아닌 합당한 사랑으로서 말을 진정으로 이해하고 사랑할 줄 아는 사람과 말을 단순히 과거의 교통수단으로만 생각하는 구제불능의 도시 얼간이—가 있다는 사실을 배우지 못합니다. 어쩌면 그들은 이제껏 자신의 조랑말이나 개를 보며 느꼈던 즐거움을 다소 잃어버리게 될지도 모릅니다. 어쩌면 이제는 잔인하게 그리고 소홀히 대할 동기가 생겼을 수도 있습니다. 아마 자신을 똑똑하다고 여기며 즐기는 태도가 시작되었을 것입니다. 이것이 바로 그들이 받는 영어수업입니다. 정작 영어에 대해서는 아무것도 배우지 못하면서, 인류의 정신적 유산 일부가, 그것을 제대로 이해할 만한 나이도 되기 전에 조용히 떨어져 나간 것입니다.

지금까지는 가이우스와 티티우스 같은 교사들이 자신들이 무슨 일을 하고 있는지 제대로 인식하지 못하고, 또 그 일이 실제로 초래하는 결과는 그들의 본래 의도가 아닐 것이라고 가정해 왔습니다. 물론 다른 가능성도 있습니다. 어쩌면 그들의 목표는 제가 (전

---

23) 오르빌리우스의 책, 9쪽.*

통적인 가치체계의 입장에서) '바지 입은 원숭이'나 '도시 얼간이'라고 부르는 바로 그런 인간형을 길러내는 것일 수도 있습니다. 어쩌면 깊은 차원에서 그들과 우리는 생각이 다를 수도 있습니다. 어쩌면 그들은 정말로 과거나 동물이나 거대한 폭포에 대해 보통 사람들이 느끼는 감정이 비이성적이고 한심한 것이므로 모조리 뿌리째 뽑아야 한다고 주장하는지도 모릅니다. 어쩌면 그들은 전통적 가치들을 완전히 일소하고 전혀 새로운 가치를 만들려는 의도를 가졌는지도 모릅니다. 그러한 입장에 대한 정당성 여부는 뒤에서 다룰 것입니다. 지금으로선, 만일 이것이 가이우스와 티티우스가 견지하는 입장이라면, 그것은 철학적 입장이지 문학적 입장이 아니라는 점만 먼저 언급하고자 합니다. 그들이 그런 내용으로 책을 채우는 것은 그 책을 구입하는 학부모나 교장에게 부당한 일을 하는 것입니다. 왜냐하면 전문 문법학자가 쓴 책이기를 기대하고 샀는데, 책은 정작 아마추어 철학자의 글로 가득 차 있으니 말입니다. 아들을 치과에 보냈더니 치아는 그대로인 채, 머릿속은 온통 복본위제複本位制니 베이컨 학파의 이론 등 치과의사의 사견 *obiter dicta*으로 가득 차서 돌아온다면 아버지가 화를 내는 것은 당연합니다.

그러나 저는 가이우스와 티티우스가 영어를 가르친다는 구실로, 실은 자신들의 철학을 선전하려고 의도했다고는 보지 않습니다. 아마도 다음과 같은 이유들로 해서 그렇게 미끄러져 내려간 것이라고 생각합니다. 첫째, 문학비평은 어려운 반면 그들이 하는 일은 훨씬 쉽기 때문입니다. 인간의 기본 감정을 불량하게 다룬 것이 왜 나쁜 문학인지 설명하는 것은, 모든 논점에서 벗어나 감정 자체를 공격할 여지를 주지 않을 때 대단히 어려운 일입니다. 심지어 문학에서의 불량성 문제를 처음으로 진지하게 다룬 리처즈I. A. Richards[24] 박사도 이런 설명에 성공하지 못했습니다. 그러나 평범한 이성주의에 근거해서 모든 감정을 단순히 '허튼 것'으로 폭로하는 정도는 누구나 할 수 있습니다.

둘째, 어쩌면 가이우스와 티티우스는 오늘날 우리 사회가 당면한 교육적 필요를 단순히 오해했을 수도 있습니다. '젊은이들은 감상적'이라는 통념하에 사회가 지금 감정적 선전에 휘둘리고 있다고 보고, 가능한 한 감정의 공격에 대비하도록 젊은이들을 무장시켜야 한다고 결론 내렸을 수 있습니다. 그러나 교사인 저의 경험으로 보자면 사정은 정반대입니다. 감수성이 지나쳐서 지도를 받아야 할 학생이 한 명이라면, 속되고 고약한 불감증에서 깨어날 필요가 있는 학생은 셋입니다. 현대의 교육자들이 해야 할 임무는 정글의 나무를 베는 게 아니라 사막에 물을 대는 것입니다. 잘못된 감정에 대비하는 최선의 방책은 올바른 감정을 심어 주는 것입니다. 학생들의 감수성을 굶겨 죽이고 나면, 그들은 온갖 선전에

---

24) 1893-1979. 영국의 문학비평가, 신비평New Criticism의 창시자.

더 쉽게 희생될 뿐입니다. 왜냐하면 굶주린 자연은 보복을 가해 올 것이고, 딱딱한 마음hard heart은 아둔한 머리soft head에 대한 보장된 방어책이 될 수 없기 때문입니다.

그러나 가이우스와 티티우스가 그런 식의 교육과정을 채택하는 데는 셋째, 더 심오한 이유가 있습니다. 무릇 좋은 교육이란 어떤 감정은 더 세워 주고 어떤 감정은 무너뜨리는 것임에는 그들도 기꺼이 동의할 것입니다. 어쩌면 그들도 그런 교육을 하기 위해 무던히 애쓸 수도 있습니다. 그러나 성공할 가능성은 없습니다. 왜냐하면 가이우스와 티티우스가 실제로 하는 일이란 결국 어떤 감정을 '허튼 것'으로 폭로하는 일이 전부이기 때문입니다. 이 점을 분명히 파악하기 위해 잠시 가이우스와 티티우스가 생각하는 교육적 곤경이 그들의 모든 선임 교육자들이 생각했던 것과 다르다는 사실부터 살펴볼 필요가 있습니다.

현대 이전까지만 해도 모든 교사들뿐 아니라 심지어 모든 사람들은 우주만물에 대해 조화 혹은 부조화의 감정적 반응을 할 수 있다고 믿었습니다. 즉 단순히 우리 편에서 승인하거나 불승인하거나, 존경하거나 경멸할 뿐 아니라, 대상들 자체가 그런 것을 받을 **자격**을 가졌다고 믿었습니다. 콜리지가 폭포를 장엄하다고 말한 여행자에게는 동의하고 그저 볼 만하다고 말한 여행자에게는 동의하지 않았던 것은, 무생물 자연이 우리에게서 '정당하고' '합당하고' '적절한' 반응을 받아야 할 대상이라고 믿었기 때문입니다. 그리고 그는 그 여행자들도 같은 생각일 것이라고 믿었습니다. 폭포를 장엄하다고 말한 사람은 단순히 폭포에 대한 자신의 감정을 묘사한 것이 아닙니다. 그 대상이 그런 감정을 일으킬 **자격이 있다**고 주장하는 것입니다. 이런 주장이 아니라면, 더 이상 우리가 동의하거나 동의하지 않을 문제거리가 안 됩니다. **저것은 그저 볼 만한 폭포다**라는 말이 어떤 숙녀가 단순히 자신의 감정을 묘사한 말이라면, 거기에 동의하지 않는 것이 오히려 우스꽝스럽습니다. 만약 그녀가 **전 지금 기분이 좋지 않네요**라고 말했다면 콜리지는 **그렇지 않습니다, 전 기분이 좋은데요**라고 답하지 않았을 것입니다. 셸리Percy Bysshe Shelley[25]는 인간의 감수성을 바람의 신 아이올로스Aeolus의 수금에 견주면서도, '현을 울리는 움직임에 스스로 맞출 수 있는 내적 조정 능력'을 가지고 있다는 점에서 수금과 다르다고 덧붙여 말하는데[26], 셸리 역시 동일한 믿음에 기반하고 있음을 알 수 있습니다. 트러헌Thomas Traherne[27]은 이렇게 묻습니다. "저마다의 가치에 알맞게 사물에게 정당한 존경을 나타내지 않는 사람이라면 어떻게 의로운 사람이 될 수 있겠는가? 만물은 당신의 것이 되라고 만들어진 것이며, 당신은 그것들을 그 가치에 따라 존중하라고 만들어진 존재이다."[28]

....

25) 1792-1822. 영국의 낭만주의 시인.
26) 《시의 옹호 *Defence of Poetry*》*
27) 1637-1674. 영국의 시인 · 종교 작가.

성 아우구스티누스는 덕virtue을 오르도 아모리스 *ordo amoris* 즉, 모든 대상이 그 가치와 정도에 합당하게 사랑받는 애정의 질서 상태라고 정의했습니다.[29] 교육의 목적은 마땅히 좋아해야 할 것은 좋아하고 싫어해야 할 것은 싫어하도록 가르치는 것이라고 아리스토텔레스는 말합니다.[30] 반성적 사고를 할 수 있는 나이가 되면, 그간 '질서 있는 애정'이나 '정당한 감정'을 갖도록 훈련받아 온 학생은 윤리학의 제일 원리를 쉽게 발견하는 반면, 부패한 사람은 그런 원리를 전혀 보지 못하며, 따라서 그 학문에서 전혀 진보할 수 없다는 것입니다.[31] 플라톤도 동일한 말을 했습니다. 아직 어린 인간 동물이 처음에는 제대로 반응할 줄 모르기에, 정말로 즐겁고, 좋고, 혐오스럽고, 미운 것을 각각 즐거워하고, 좋아하고, 혐오하고, 미워하는 법을 훈련받아야 한다는 것입니다.[32] 《공화국 *Republic*》을 보면, 잘 양육 받은 젊은이란 "인간이 잘못 만든 작품이나 자연이 잘못 길러낸 작품을 보면서 무엇이 부족한지 분명하게 알고, 어렸을 때부터 추한 것을 정당한 혐오로써 비판하고 미워할 줄 알며, 아름다운 것을 즐겁게 칭찬하고 그것을 영혼의 영양분으로 삼아서 온화한 마음을 갖게 된 사람이다. 이 모든 일

....

28) 《명상의 시대 *Centuries of Meditations*》, I. 12.*
29) 《신국 *De Civ. Dei*》, xv. 22. Cf. 같은 책, ix. 5, xi. 28.*
30) 《니코마코스 윤리학 *Eth. Nic*》, 1104 B.*
31) 위의 책, 1095 B.*
32) 《법률 *Laws*》, 653.*

은 그의 이성reason이 깨어나기 전에 이루어진다. 그리고 마침내 이성이 깨어 찾아올 때, 그는 친근감을 느끼며 그간 양육받은 대로 두 팔을 벌려 이성을 맞이하며 알아볼 것"이라고 말합니다.[33]

초기 힌두교에서는, 사람의 선한 행실이란 르타Rta—우주 질서, 도덕 덕목, 성전 제사의식 등을 통해 계시되는 자연과 초자연의 위대한 의식儀式 혹은 패턴—에 일치하거나 참여하는 행위라고 말합니다. 의義, 올바름, 질서, 르타는 늘 사티아satya 즉, 실재에 대한 상응으로서의 진리와 동일시됩니다. 플라톤이 선은 '실존 너머에' 있다고 말하고, 워즈워스가 별은 덕을 통해 힘을 얻는다고 말하듯이, 인도의 스승들은 신들이 르타에서 태어나고 그것을 따른다고 말합니다.[34] 중국인들도 '도道'라고 부르는, (가장) 위대한 어떤 것에 대해 말합니다. 그것은 모든 술어를 넘어선 실재이며, 창조자 앞에 있던 심연深淵입니다. 그것은 자연(본성)이며 길입니다. 그것은 우주가 돌아가는 길이며 만물이 끝없이 조용하고 고요하게 공간과 시간 속으로 출현하는 길입니다. 또한 그것은 모든 사람이 자신의 모든 행위를 그 위대한 본보기에 합치시키며, 그 우주적이고 초우주적인 진행을 본받아 걸어야 할 길입니다.[35] 《논어》는 말

---

33) 《공화국》, 402 A.*
34) A. B. 키스Keith, s.v. 'Righteousness (Hindu).' 《종교와 윤리 백과사전 Enc. Religion and Ethics》, vol. x.*
35) 위의 책, vol. ii, p. 454 B; iv. 12 B; ix 87. A.*

합니다. "의식, 즉 예禮에서 중요한 것은 자연과의 조화이다."[36] 마찬가지로 고대 유대인들도 율법을 '참된'[37] 것으로 찬양합니다.

다양한 형태—플라톤적, 아리스토텔레스적, 스토아 학파적, 기독교적, 동양적—를 가진 이 개념을 지금부터는 간단히 '도'라고 칭하겠습니다. 앞서 인용된 예 중에는 단지 기이하고 마술적으로 들리는 이야기도 있겠지만, 그러나 이 모두에는 결코 무시할 수 없는 공통점이 하나 있습니다. 그것은 바로 객관적 가치가 존재한다는 교리, 즉 우주의 어떤 것에 대해서, 또 우리의 어떤 면에 대해서 어떤 태도는 진실로 참되지만 또 어떤 태도는 정말로 거짓됐다는 믿음입니다. 아이들은 즐거움을 주는delightful 존재이고, 노인들은 공경해야venerable 할 존재라고 말하는 것은, 단순히 부모나 자식의 입장에서 우리가 품을 수 있는 심리적 감정 상태를 나타내는 말이 아니라, 그들에게는 우리로부터 [즐거움이나 공경심 같은] 합당한 응답을 **받아야 하는** 어떤 특질이 있음을 인정하는 말이라는 것이, '도'를 아는 이들의 주장입니다.

....

36) 《논어》, 아서 웨일리 역, 런던, 1938. I. 12.*
37) Psalm cxix. 151. 원어로는 에머스*emeth*, '진리'. 인도인이 말하는 **사티아**는 '상응'으로서의 진리를 강조하는데 반하여, 에머스는 ('견고하다'는 의미와 관련된 동사로서) 진리의 신뢰성 내지 믿음직함을 강조하는 표현입니다. 히브리어 학자들은 대안적 번역어로 **신실함**과 **항구성**을 제시합니다. 에머스란 속이지 않는 것, 무너지지 않는 것, 변하지 않는 것, 틈이 새지 않는 것입니다. (T. K. 체인Cheyne, 《성서백과사전 *Encyclopedia Biblica*》, 1914, s.v. 'Truth' 참조.)*

저 자신은 어린아이들과 함께 노는 것을 좋아하지 않습니다. 그런데 '도'를 인정하는 저는 이것이 저의 결점임을 인정합니다. 마치 음치거나 색맹인 사람이 그것을 자신의 결점으로 인정하는 것과 마찬가지로 말입니다. 이렇듯 우리의 승인과 불승인은 객관적 가치에 대한 인정이며 객관적 질서에 대한 응답이기에, 우리의 감정 상태는 이성과 조화로운 관계일 수도 있고(우리가 마땅히 승인하는 것을 좋아할 때), 조화롭지 못한 관계일 수도(마땅히 좋아해야 한다고 인식은 하지만 그렇게 할 수 없을 때) 있습니다. 어떤 감정도 그 자체만으로는 판단이 아닙니다. 그런 의미에서 모든 감정과 정서는 논리와 상관없는 것입니다. 그러나 그것이 이성에 순응하느냐 않느냐에 따라 이성적이 될 수도 있고 비이성적이 될 수도 있습니다. 가슴이 결코 머리를 대신할 수는 없습니다. 그러나 가슴은 머리에 순종할 수 있고 또 순종해야 합니다.

그러나 《녹색책》의 세계는 이와 대립됩니다. 그 책에서는 어떤 정서가 이성적이거나 비이성적이라고 말할 가능성 자체를 처음부터 배제합니다. 어떤 정서를 두고 이성적이니 비이성적이니 말할 수 있는 것은 그것이 무언가 다른 것에 합치하거나 불합치할 때입니다. 큰 폭포를 보고 장엄하다고 말하는 것은 그 실재 앞에서는 겸허의 감정이 적합하고 어울린다는 말이며, 이는 그 감정 외에 다른 무언가가 존재한다는 의미입니다. 마치, 신발이 맞는다는 말이 단순히 신발뿐 아니라 발에 대해서도 언급하는 것이듯 말입니다. 그러나 가이우스와 티티우스는 가치 술어를 담고 있는 문장이, 감정 너머에 있는 무언가를 가리킨다고는 전혀 인정하지 않습니다. 그들이 보기에 그런 진술은 다만 감정을 나타내는 말일 뿐입니다. 그리고 그런 감정은 이성에 동의한다 안 한다 차원의 것이 못 됩니다. 어떤 그릇된 추론이 비이성적이듯이 비이성적인 것이 아니라, 어떤 물리적 사건이 비이성적인 것처럼 비이성적이라고 여깁니다. 즉, 전혀 오류를 논할 위치에 못 미칩니다. 이런 관점에서 사실의 세계는 가치문제와 전혀 관계없고, 느낌의 세계는 진리나 거짓, 정의나 불의의 문제와 전혀 관계없어서, 그 두 세계는 서로 맞서 있을 뿐 둘 사이에 어떠한 **교섭**rapprochement도 가능하지 않습니다.

이렇듯 교육문제는 '도'를 인정하느냐 하지 않느냐에 따라 전혀 달라집니다. 인정하는 사람들에게 교육의 임무란 학생들을 실재에 적합하게 응답하도록 훈련시키는 것이며, 그런 응답이 곧 인간의 본성을 이룬다고 생각합니다. 그러나 '도'를 인정하지 않는 사람들에게 그들이 논리적일 경우, 모든 감정을 단순히 비이성적인 것으로, 사람과 실재 대상 사이에 드리운 안개 정도로 취급할 수밖에 없습니다. 따라서 그들은 학생의 정신에서 가능한 한 모든 감정을 제거하려 하거나 아니면 본래의 '정의'나 '질서'와는 아무 상관없는 이유로 어떤 감정을 북돋우려 할 것입니다. 후자의 경우, 그들은 스스로 이성으로 몰아내는 데 성공한 망상을, 최면술적인 '암시'나 주문 같은 방법을 통해 다른 이들 안에 일으키려 하는 미심쩍은 일을 벌일 것입니다.

한 가지 구체적인 예를 든다면 좀더 분명히 알 수 있을 것입니다. 어떤 로마인 아버지가 아들에게 조국을 위해 죽는 것은 감미롭고 품위 있는 일이라고 말한다고 합시다. 이때 그 아버지는 정말로 자신이 믿는 바를 말한 것입니다. 그 아버지는 자신도 느끼고 있으며, 또 고귀한 죽음의 가치와 일치한다고 판단하는 감정을 아들에게 전달하고 있는 것입니다. 그는 아들에게 자신의 최선을 주는 것입니다. 자신의 몸을 주어 아들을 낳았듯이, 자신의 정신을 주어 그를 인간으로 만들고 있는 것입니다.

그러나 가이우스와 티티우스는 그런 죽음을 감미롭고 품위 있다고 하는 것이 '무언가에 대해 어떤 중요한 말'을 하는 것이라고 생각하지 않습니다. 그들은 그런 말을 허튼 소리로 치부합니다. 왜냐하면 죽음은 먹을 수 있는 것이 아니기에 문자적으로 감미로울 *dulce* 수 없고, 또 임종시의 감각적 경험은 아무리 유비類比적으로 말하더라도 감미로운 것일 수 없기 때문입니다.

품위 있다는 말도, 몇몇 사람들이 당신의 죽음에 대해 가질 수 있는―흔하지도 않을뿐더러 당신에게는 아무 유익도 안 되는―어떤 감정을 묘사한 말에 지나지 않습니다. 가이우스와 티티우스가 선택할 수 있는 길은 두 가지뿐입니다. 이 감정도 다른 감정과 마찬가지로 허튼 것이라고 치부해 버리거나, 아니면 학생들에게는 아무런 가치도 없고 또 그들의 목숨을 희생시킬 수도 있는 감정이겠지만 우리(생존자들)에게는 젊은이들의 그런 감정이 유용하므로 어떻게든 감정을 불어 넣어 주는 것, 이렇게 둘 중 하나입니다. 그들이 후자를 택하여 교육할 경우, 여기서 옛 교육과 새 교육의 차이가 극명하게 나타납니다. 옛 교육은 학생들에게 무언가를 전수 initiate하는 반면, 새 교육은 '조건화condition'합니다. 옛 교육이 어미 새가 새끼 새에게 나는 법을 가르치듯 학생들을 다루었다면, 새 교육은 가금家禽업자가 새끼 새는 전혀 모를 어떤 목적을 위해 이러저러하게 새끼 새를 다루듯 학생들을 다룹니다. 한마디로 옛 교육은 일종의 전파propagation로 사람이 다른 사람에게 사람다움을 전해 주는 것이었던 반면, 새 교육은 단순히 선전propaganda에 불과합니다.

가이우스와 티티우스는 전자의 방식을 받아들일 사람들입니다. 그들은 선전을 혐오합니다. 그런데 이는, 그들의 철학이 선전(또는 그 무엇이든)을 정죄할 근거를 제공해 주기 때문이 아니라, 실은 그들 자신이 스스로 내세우는 원칙보다는 더 나은 사람들이기 때문입니다. 어쩌면 그들은 용기나 신뢰성, 정의 등은 필요에 따라, 소위 '이성적' '생물학적' '현대적' 근거에 입각해서 얼마든지 학생들에게 권고할 수 있다고 막연히 생각하는지도 모르겠습니다(이에 대해서는 다음 장에서 자세히 논하겠습니다). 그러면서 평상시에는 깊이 따져 보지 않고, 예의 그 매도하는 일만 계속하는 것입니다.

그러나 그러한 교육과정은 냉소적 선전이라는 상반된 방식보다야 덜 비인간적일지 몰라도, 그에 못지않게 참혹한 결과를 낳습니다. 잠시, 덕은 굳이 객관적 가치에 호소하지 않고서도 얼마든지 이론적으로 정당화될 수 있다고 가정해 봅시다. 그러나 그렇다 하더라도, 덕에 대한 어떠한 정당화도 사람을 덕스럽게 만들 수는 없다는 사실을 기억해야 합니다. 지성은 훈련된 감정의 도움 없이는 동물적 유기조직에 맞서기에 무력합니다. 저는, 사기꾼들 틈에서 자란 어떤 완벽한 논리를 갖춘 도덕 철학자보다는, 윤리에 대해 상당히 회의적이지만 '신사는 속이지 않는다' 는 것을 믿으며 자란 사람을 더 신뢰합니다. 포탄이 쏟아지는 전쟁터에서 끝까지 제자리를 고수하게 하는 힘은 그 무슨 삼단논법이 아닙니다. 국기나 조국이나 자기 군대에 대한 유치하기 그지없는 감상주의(가이우스와 티티우스가 기겁할 정도로 싫어하는)가 실은 더 도움이 됩니다. 이는 이미 오래 전에 플라톤이 한 말입니다. 왕이 신하들을 통해 나라를 다스리듯, 인간 내부의 이성은 '심혼心魂적 요소spirited element'를 통해 욕망을 통치해야 합니다.[38] 머리는 가슴을 통해 배를 다스립니다. 알라누스Alanus[39]의 말처럼, 가슴은 도량(관대함)Magnanimity[40]—훈련된 습관을 통해 안정된 정서로 조직화된 감

....

38) 《공화국》, 442 B, C.*
39) 1128-1202. 프랑스의 신학자 · 시인.

정—이 거하는 자리입니다. 가슴—도량—정서는 소위 말해 인간의 뇌(지성)와 장(본능)을 연결하는, 없어서는 안 될 연결선입니다. 사람이 사람일 수 있는 것은 다름 아니라 이 중간 요소 때문이라고 말할 수 있습니다. 왜냐하면 인간은 지성으로 볼 때 영에 불과하지만 욕망으로 볼 때는 동물에 불과하기 때문입니다. 그런데 《녹색책》 류의 책들은 '가슴 없는 사람들'을 만들어 냅니다. 흔히 가슴 없는 사람들이 마치 지성인인 양 불리는 것은 참으로 어처구니없는 일입니다. 이는 그들을 공격하는 것이 바로 지성을 공격하는 것이라고 말할 빌미를 제공해 줍니다. 그렇지 않습니다. 그들이 진리를 발견하는 데 비범한 기술이 있거나, 진리 추구에 대한 순수한 열정이 있어서 다른 사람들과 구별되는 것이 아닙니다. 아니, 그렇다면 오히려 이상할 것입니다. 왜냐하면 진리를 향한 지속적인 헌신, 지적 명예에 대한 민감한 분별 등은 가이우스와 티티우스가 쉽사리 허튼 것이라고 치부해 버릴 수 있는 어떤 정서적 도움 없이는 오래 유지될 수 없기 때문입니다. 그들을 보통 사람들과 구별해 주는 것은 과다한 생각이 아니라 창조적이고 고귀한 감정의 결여입니다. 그들의 머리는 일반인들보다 더 크지 않습니다. 그렇게 보이는 것은 그 밑의 가슴이 너무 위축되었기 때문일

40) 알라누스 아브 인슐리스Alanus ab Insulis. 《자연의 탄식 *De Planctu Naturae Prosa*》, iii.*

뿐입니다.

그런데 현 우리 상황의 희비극은 우리가 불가능하게 만들고 있는 바로 그 특질들을 여전히 소리 높여 요구하고 있다는 점입니다. 우리 문명이 필요로 하는 것은 더 많은 '동력drive', 역동성, 자기희생, '창조성'이라고 주장하는 문구가 들어 있지 않은 잡지를 만나기가 어려울 정도입니다. 소름끼치리만큼 단순하게도 우리는 담당 기관器官은 제거해 놓고선 그 기능만은 계속해서 요구하는 형국입니다. 우리는 가슴 없는 사람들을 만들어 놓고선 그들에게서 덕과 모험적 기상을 기대하고 있습니다. 우리는 명예를 비웃으면서도 우리 중에 배신자가 생기면 충격을 받습니다. 우리는 생식력을 거세해 놓고선 다산多産을 기대하고 있습니다.

2

도

무릇 군자는 근본에 힘쓴다.

- 《논어》, I. 2

《녹색책》의 사상에 따른 교육은 분명 그 사회에 파멸을 가져올
수밖에 없습니다. 그러나 이로써 가치에 대한 주관주의적 입장
subjectivism이 이론적으로 논박되는 것은 아닙니다. 받아들이는
사람을 죽인다고 해서 그것이 반드시 거짓된 교리인 것은 아니기
때문입니다. '도'를 받아들이는 사람은 설령 그것이 자기를 죽음
으로 이끈다 해도 그 '도'를 거부하지 않습니다. "환한 대낮에 우
리를 죽이라! ἐν δὲ φάει καί ὄλεσσν"[41] 그러나 지금 우리의

---

41) 호메로스의 《일리아스》 XVII, 628에 나오는 표현.

관심은 이런 것이 아닙니다. 가이우스와 티티우스의 철학은 이론적으로도 난점을 가지고 있습니다.

가이우스와 티티우스가 전통적 가치에 대해 주관주의적 태도를 취하는 듯하지만, 《녹색책》이라는 책을 썼다는 사실 자체는 그들이 결코 주관주의적 태도를 취할 수 없는 다른 가치가 존재함을 분명히 보여 줍니다. 그들은 자라나는 세대에게 어떤 특정한 정신 상태를 갖게 하기 위해 그 책을 썼습니다. 그런 정신 상태가 본질적으로 옳고 좋다고 여겼거나, 아니면 적어도 그들이 생각하기에 바람직한 사회를 위해서는 그런 정신 상태가 좋은 수단이 될 것이라 생각했기 때문일 것입니다. 《녹색책》의 다양한 구절에서 그들의 목적이 무엇인지를 종합해내는 것은 그리 어렵지 않습니다. 그러나 이는 불필요한 일입니다. 왜냐하면 중요한 것은, 그 목적의 정확한 본질이 아니라 그들이 어떤 목적을 가지고 있다는 사실 그 자체이기 때문입니다. 그들에게는 분명 어떤 목적이 있습니다. (대단히 실제적인 의도를 가진) 그 책이 그저 공연히 쓰인 책일 수는 없습니다. 그들은 분명 그 목적이 참된 가치를 지녔다고 여겼을 것입니다. 그것을 '좋은' 것이라고 부르지 않고, '필요한' '진보적인' '효과적인' 등의 술어를 사용한 것은 눈가림에 불과합니다. 대체 '무엇에 필요한 것인가?' '무엇을 향한 진보인가?' '무엇을 위해 효과적인가?'라는 질문을 피할 수 없기 때문입니다. 결국 그들도 어떤 상태가 그 자체로서 좋은 것임을 인정할 수밖에 없습니다. 그리고 이번에는 '좋다'는 말을 단지 그것에 대한 자신의 감정 묘사에 불과하다고 주장할 수는 없습니다. 왜냐하면 그들이 쓴 책의 목적은 어린 독자들에게서 찬동을 얻어내려는 것인데, 그 찬동을 그들 자신이 타당하고 옳은 것이라고 여기지 않는다면 이는 결국 자신들이 한 일이 바보짓에 불과하거나 아니면 악한 사기행각이라는 말이 될 터이기 때문입니다.

사실 가이우스와 티티우스는 두 세계 대전 와중에 어느 정도 지성을 갖춘 젊은 전문직 종사자들 사이에서 유행했던 어떤 가치체계를 무비판적이고 독단적 태도로 견지하고 있는 이들입니다.[42] 가치에 대한 그들의 회의론은 껍데기에 불과합니다. 그것은 다른

....

42) 가이우스와 티티우스의 진짜 (아마도 무의식적인) 철학은, 그들이 부정하고 긍정하는 다음 두 가지 항목을 대조해 볼 때 분명하게 드러납니다.
　A. 부정하는 것들 : 어머니가 아이에게 '용감하라'고 말하는 것은 '난센스'이다 《녹색책》, 62쪽). '신사'라는 단어에 대한 언급은 '극도로 모호하다'(62쪽). '어떤 사람을 겁쟁이라고 부르는 것은 그의 행동에 대해 실제로는 아무것도 말해 주는 바가 없다'(64쪽). 어떤 나라나 제국에 대해 갖는 느낌은 '아무 구체적인 대상을 갖지 못한' 느낌에 불과하다(77쪽).
　B. 긍정하는 것들 : 전쟁의 기술보다 평화의 기술을 선호하는 이들은 (어떤 상황이 나에 대한 언급 없이) '현자라고 불릴 만한 이들이다'(65쪽). 학생들은 '민주적 공동체 생활을 믿도록' 교육받아야 한다(67쪽). '다른 사람들의 사상세계에 대해 아는 것은, 건강한 일이다'(86쪽). 욕실이 있어야 하는 이유는('사람들은 청결할 때 더 건강하고 유쾌감을 느낀다는 것은') '너무도 명백해서 언급할 필요조차 없다'(142쪽).
　이렇게, 평화시 어느 교외 거리에서 보일 법한 안락과 안전이 그들에게는 최상의 가치입니다. 그런 안락과 안전을 낳을 수 있고 영적으로 승화시킬 수 있는 유일한 것들은 조롱하면서 말입니다. 인간은 빵으로만 사는 존재이며, 빵의 궁극적 원천은 빵 굽는 선반이라는 것이지요. 이는 평화가 명예보다 더 중요하며, 장교들을 조롱하고 신문만 읽으면 평화가 보존될 수 있다는 식입니다.*

이들의 가치에 대해서는 적용되지만, 그들 사이에서 유행하는 가치에 대해서는 충분히 회의懷疑하지 않습니다. 이는 아주 흔한 현상입니다. 전통적인 '감상적'(그들 표현에 따르면) 가치를 '허튼 소리로 치부하는' 많은 사람들의 배후에는 사실, 그들이 무비판적으로 견지하는 다른 어떤 가치가 자리 잡고 있습니다. 그들은 오로지 '진짜' '기본적' 가치들만이 드러나도록, 감정이나 종교적 재가나 전수된 금기 같은 기생적 요소들은 모조리 끊어내야 한다고 주장합니다. 이제는 그들이 정말 그렇게 할 때 어떤 결과를 낳는지를 살펴보고자 합니다.

앞서 나왔던 예—선한 대의를 위해 죽음을 택하는 것—를 다시 보겠습니다. 물론 덕이 유일한 가치이고 순교가 유일한 덕이라고 생각해서가 아니라, 이것이야말로 서로 다른 사상 체계의 차이점을 가장 분명하게 밝혀 주는 결정적 실험 *experimentum crucis*이기 때문입니다. 대의를 위해 죽는 것을 감미롭고 품위 있는 *dulce et decorum* 일이라고 말하며, 친구를 위해 죽는 것을 가장 큰 사랑 *greater ove hath no man*이라고 말하는 것을 단순히 비이성적인 감상이라고 치부하는 어떤 가치 혁신자가 있다고 합시다. 그는 그런 감상들을 모조리 떨쳐내야 하며, 그래야 이 가치의 '현실적'이고 '기본적'인 근거에 도달할 수 있다고 주장합니다. 그런데 그가 말하는 근거란 도대체 무엇일까요?

우선, 그런 희생의 진정한 가치는 공동체에 대한 유용성에 있다고 말할지 모릅니다. 그는 "선이란 공동체에 유익이 되는 것을 **의미한다**"라고 말합니다. 물론 공동체 전체의 죽음은 그 공동체에 유익이 되지 않습니다. 그 구성원들 중 어떤 이들의 죽음이 공동체에 유익이 된다는 말입니다. 즉 이 말의 참 의미는, 어떤 사람들의 죽음은 다른 사람들에게 유익이 된다는 뜻이며 이는 진실입니다. 하지만 과연 그는 무슨 근거로 어떤 사람들더러 다른 사람들을 위해 죽으라고 권고할 수 있을까요? 긍지나 명예, 수치나 사랑 등에 호소하는 일은 일단 그 혁신자가 가진 전제에 의해 배제됩니다. 그는 그런 것들에 호소하는 것은 감상으로 되돌아가는 짓이라고 단정하며, 그의 임무는 그런 것을 다 제외하고 오직 이성의 견지에서 어떤 사람들이 다른 사람들을 위해 죽는 것이 왜 좋은 일인지를 설명해내는 것이기 때문입니다. 그는 "우리 중 어떤 이들이 죽음을 **감수하지** 않는다면, **분명** 우리 모두가 죽을 수밖에 없기 때문이다"라고 말할지도 모르겠습니다. 그러나 이는 아주 제한된 경우에 해당될 뿐이며 또 그런 경우라 하더라도, "그런데 왜 내가 그런 희생을 감수하는 쪽에 속해야 하는가?"라는 대단히 이성적인 질문을 불러일으킬 수밖에 없습니다.

　여기서 그 혁신자는 왜 꼭 이기심을 이타심보다 더 '이성적'이고 '지성적'이라고 생각해야 되느냐고 반문할지도 모르겠습니다. 좋은 질문입니다. 만일 우리가 가이우스와 티티우스가 이성이란 말을 어떤 가치들을 허튼 소리로 치부할 때 사용하는 과정(즉, 궁극적으로 감각 자료에서 기인하는 명제를, 추론을 통해 좀더 심층적인 명제와 연결시키는 과정)을 가리키는 말로 사용한다면, 자기희생을 거부하는 행위가 그렇게 하기로 동의하는 행위보다 반드시 더 이성적인 것은 아니라고 대답할 수밖에 없습니다. 그렇지만, 동시에 전자를 후자보다 덜 이성적인 일로 볼 수도 없습니다. 둘 중 어느 것을 선택해도 전혀 이성적인 일이 아니며 비이성적인 일도 아닙니다. 사실에 대한 명제에서 어떤 **실천적인** 결론을 끌어낼 수는 없습니다. **이 일은 사회를 보존시킬 것이다**라는 말에서 곧장 **이 일을 하라**는 말을 이끌어낼 수는 없습니다. **사회는 보존되어야 한다**라는 매개가 없다면 말입니다. 마찬가지로 **이는 당신의 목숨이 희생될 수 있는 일이다**라는 말이 곧바로 **이 일을 하지 말라**는 말로 이어지는 것은 아닙니다. 자기 보존의 욕구를 느끼거나 자기 보존의 의무를 인정하는 일 같은 매개가 없다면 말입니다. 그 혁신자는 직설법의 전제로부터 명령법의 결론을 도출하려 합니다. 그러나 이는 계속해서 거듭 시도한다 해도 영원히 성공할 수 없는 일입니다. 왜냐하면 그 일은 아예 불가능하기 때문입니다.

우리가 할 수 있는 일은 둘 중 하나입니다. 이성이라는 말을 우리 선조들이 '실천이성'이라고 불렀던 것을 포함하는 말로 확장시켜서 **사회는 보존되어야 한다**와 같은 판단들(물론 가이우스와 티티우스가 요구하는 그런 종류의 이성을 통해서는 정당화될 수 없는 것들이지만)을 단순한 감상이 아니라 이성성rationality 자체라고 인정하거나, 아니면 허튼 소리라고 치부하는 모든 감상 뒤에서 어떤 '이성적' 가치의 핵을 발견하고자 하는 모든 시도를 즉각적이고도 영구히 포기하거나 둘 중 하나입니다. 그 혁신자는 첫 번째 길을 택하지는 않을 것입니다. 왜냐하면 그간 인류가 이성이라고 불러온 그 실천적 원칙들은 다름 아니라 그가 폐기처분하려는 그 '도'를 의미하기 때문입니다. 따라서 그는 어떤 '이성적' 핵을 찾으려는 추구를 포기하고, 대신 그보다 훨씬 더 '기본적'이고 '현실적'인 다른 근거를 찾으려고 할 것입니다.

어쩌면 그 혁신자는 본능에서 그 근거를 찾을 수 있다고 생각할지도 모르겠습니다. "사회 보존, 종족 보존 같은 것은 이성이라는 불확실한 실에 매달려 있는 목적들이 아니다. 그 목적들은 본능에 의해 주어진다. 이것이 그 목적들을 인정하지 않는 사람과는 이성적인 논쟁을 할 필요가 없는 이유이다. 우리는 종족을 보존하려는 본능적 충동을 가지고 있다. 이것이 인간이 후손을 위해 일해야 하는 이유이다. 우리에게는 약속을 지키게 하거나 개인생활을 존중하게 하는 본능적 충동은 없다. 이것이 정의나 인간애, 즉 '도'의 문제가 종족 보존이라는 우리의 진짜 목적과 충돌할 때는 당연히 무시될 수 있는 이유이다. 또 이것이 바로 현대의 상황이 새로운 성性도덕을 허용하고 요구하는 이유이다. 옛 금기사항들은 종족 보존을 위한 어떤 목적에 유용했기에 존재했지만 피임법으로 인해 상황이 달라진 지금, 그 금기 중 많은 부분을 버릴 수 있게 된 것이다. 왜냐하면 성적 욕망은 본능적인 것이기에 종족 보존과 갈등만 일으키지 않는다면 얼마든지 만족될 수 있기 때문이다."

이런 식으로 본능에 기초한 윤리는 그 혁신자가 원하는 모든 것을 주며 원하지 않는 것은 아무것도 요구하지 않습니다.

그러나 사실 우리는 한 걸음도 나아가지 못한 것입니다. 본능이란 정체를 모르는 그 무엇을 가리키는 말에 불과하기 때문입니다 (철새들이 본능적으로 행로를 안다는 말은 실상 철새들이 어떻게 길을 찾는지 우리는 알지 못한다는 말에 지나지 않습니다). 그러나 굳이 그 점을 강조할 생각은 없습니다. 왜냐하면 여기서 본능이란 상당히 제한된 의미로, 어떤 종種의 구성원들 사이에 널리 퍼져 있는 비반성적이고unreflective 자발적인 충동을 일컫는 말을 의미하기 때문입니다. 하지만 그렇다 하더라도 그 본능이란 것이 과연 '진짜' 가치를 발견하는 데 도움을 줄까요? 우리는 본능에 따를 **수밖에 없다**, 즉 달리 행동할 수 없다고 주장하는 사람들이 있습니다. 그러나 만일 그렇다면, 《녹색책》 같은 책들이 저술되는 이유는 무엇입니까? 우리가 필연적으로 가게 될 길에 대해 왜 굳이 가라고 권고합니까? 따를 수밖에 없는 것을 따랐을 뿐인 사람들을 왜 칭찬한단 말입니까? 또 본능에 대한 순종은 우리에게 행복과 만족을 준다고 주장하는 사람들이 있습니다. 그러나 지금 우리는 죽음에 직면하는 문제를 다루는 중이고, 죽음은 (그 혁신자의 관점에서 볼 때) 모든 만족을 불가능하게 만듭니다. 그리고 우리에게 후손의 유익을 바라는 본능적인 욕망이 있다고 하더라도, 이것은 본질상 결코 만족될 수 없는 욕망입니다. 왜냐하면 그 목적은 우리가 죽은 다음에 이뤄지기 때문입니다. 이렇게 볼 때 사실상 그 혁신자가 말하려는 바는, "우리는 본능에 순종할 수밖에 없다" 혹은 "그렇게 하는 것이 우리에게 만족을 준다"가 아니라, "우리는 본능에 순종 **해야 한다**"입니다.[43]

그렇다면 우리가 본능에 순종해야 하는 이유는 대체 무엇입니까? 우리로 하여금 그렇게 하게 만드는 또 다른 본능이 존재하고, 또 그 두 번째 본능에 순종하게끔 만드는 더 높은 세 번째 본능이

....

43) 제가 아는 한, '충동의 만족'에 근거해 가치 이론을 세우고자 가장 진지하게 애쓴 인물은 리처즈 박사입니다《문학비평의 원리 *Principles of Literary Criticism*》, 1924). 만족으로 가치를 정의 내리는 데 반대하는 것이 인류의 보편적 가치 판단이었다는 것은, '만족한 돼지가 되기보단 불만족한 소크라테스가 되는 것이 낫다'는 말이 보여 줍니다. 그런데 이에 반反해서 리처즈 박사는 인간의 충동은 어떤 위계 질서로 정렬될 수 있으며, 어떤 다른 척도에 호소하지 않고도 어떤 만족은 다른 만족들에 비해 선호될 수 있다는 점을 보여 주고자 했습니다. 그는 어떤 충동은 다른 충동보다 더 '중요하다'는 교리를 제시하는데, 여기서 중요한 충동이란 그것이 좌절될 경우 다른 충동들도 좌절될 수밖에 없는 충동을 뜻합니다. 잘 체계화된 삶(즉, 좋은 삶)이란 가능한 한 많은 충동들을 만족시키는 것을 의미하며, 이는 '중요하지 않은' 충동들은 희생시키고 '중요한' 충동들을 만족시킨다는 것을 뜻합니다. 그러나 제가 보기에 이 이론에는 두 가지 결함이 있습니다.
(1) 불멸성 이론 없이는 고귀한 죽음은 가치 있다고 말할 여지를 남기지 않습니다. 배신행위를 통해 목숨을 부지한 사람은 물론 남은 일생 동안 여러 좌절을 통해 고통을 겪을 것입니다. 그러나 분명, 그의 '모든' 충동이 좌절되는 것은 아니지 않습니까? 죽은 사람은 '아무런' 만족도 누릴 수 없는 반면에 말입니다. 혹은 죽은 사람에게는 불만족 충동들이 존재하지 않기에 치욕적으로 목숨을 부지하는 사람보다 낫다고 주장하는지 모르겠으나, 이는 즉시 두 번째 난점을 낳습니다.

존재하고, 그런 식으로 무한히 꼬리에 꼬리를 물고 이어지는 본능들이 있기라도 합니까? 이는 불가능한 일입니다. 그 밖의 다른 설명도 모두 마찬가지입니다. "나에게는 이렇게 하려는 본능이 있다"라는 심리학적 사실에 대한 진술로부터 어떠한 재주를 부린다 해도, "나는 마땅히 이 본능에 순종해야 한다"라는 실천적 원칙을 도출해낼 수 없습니다. 동료를 보호하기 위해 자신의 생명을 희생하려는 자발적이고도 비반성적 충동이 있다손 치더라도, 이것이 제어해야 할 충동인지 아니면 무조건 따라야 할 충동인지는 또 별개의 문제입니다. 왜냐하면 혁신자 자신도 어떤 충동들은 (가령, 종족 보전과 충돌하는 충동은) 제어되어야 한다는 사실을 인정하기 때문입니다. 그리고 이는 더 근본적인 난점으로 몰고 갑니다.

....

(2) 어떤 체계화의 가치를 우리는 만족의 유무로 판단해야 할까요? 아니면 불만족의 유무로 판단해야 할까요? 극단적인 경우로, 만족과 불만족 모두 제로인 죽은 사람(현대적 관점에서 볼 때)과, 비록 우정이나 사랑이나 자존감은 가질 수 없지만 여전히 먹고 마시고 잠자고 긁고 성교할 수 있는 어떤 성공적인 배신자를 생각해 볼 수 있습니다. 또 다른 문제들도 있습니다. 가령 A는 500개의 충동만 가졌는데 모두가 만족되고, B는 1,200개의 충동을 가졌는데 그중 700개가 만족되고 500개는 불만족될 경우, 둘 중 어느 쪽이 더 나은 체계화입니까? 리처즈 박사가 실제의 삶에서 어느 쪽을 선택할지는 분명합니다—그는 예술이 우리를 평범하고 조잡한 것들에 대해 '불만족'하게 만든다는 점을 근거로 예술을 찬양하기도 합니다!(앞의 책, 230쪽). 이러한 선호의 철학적 기초로서 그가 드는 것은 "어떤 행위가 더 복잡할수록, 그것은 더 의식적인conscious 것이다"라는 진술이 유일합니다(109쪽). 그러나 만일 만족이 유일한 가치라면 의식의 증가가 왜 좋은 것입니까? 왜냐하면 의식은 만족뿐 아니라 불만족의 조건이기도 하기 때문입니다. 리처즈 박사가 말하는 체제는 그가 왜 실제 삶에서 야만적이고 동물적인 삶이 아니라 인간적이고 문명화된 삶을 택하는지를—왜 죽음이 아니라 생명을 택하는지도—설명해 주지 못합니다.*

본능에 순종하라는 말은 '사람들'에게 순종하라는 말과 유사합니다. 사람들은 제각각 다른 것을 주문합니다. 본능도 마찬가지입니다. 본능은 늘 서로 전쟁 상태에 있습니다. 종족 보존 본능은 다른 모든 본능을 희생해서라도 반드시 순종해야 할 본능이라는 주장에 대해 이렇게 반문할 수 있습니다. 그런 우선의 법칙은 대체 어디에 근거한 것입니까? 그 본능의 자기 주장에만 편파적으로 귀 기울이는 것은 단순하기 그지없는 자세입니다. 귀 기울여 보면, 모든 본능들은 각기 다른 본능들보다 자신이 우선적으로 만족해야 한다고 주장하기 때문입니다. 다른 본능들도 많은데 유독 하나의 본능에만 귀 기울이는 것은 사안을 미리 예단하는 것입니다. 본능들이 다 동급이라는 점은 그 본능들로부터 직접 얻을 수 있는 지식이 아닙니다. 이는 본능들을 대하기 전부터 이미 갖고 있는 지식이고, 이 지식은 본능적인 것일 수 없습니다. 왜냐하면 판단 주체는 판단받는 쪽 중의 하나일 수 없기 때문입니다. 그렇지 않고 만일 판단 주체가 판단받는 쪽 중의 하나라면 그 결정은 무가치한 것이며, 따라서 종족 보존을 자기 보존이나 성적 욕망보다 위에 둘 근거는 존재하지 않게 됩니다.

본능 자체보다 더 높은 권위를 가진 무엇에 호소하지 않고서도, 한 본능을 다른 본능들보다 우선시할 근거를 찾을 수 있다는 생각은 여간해서 꺾이지 않습니다. 무익한 단어들에 의지해, 그 본능을 '기본적인' '근본적인' '원초적인' 본능이라고 부르지만 소용

없습니다. 이러한 단어들은 그 본능에 **대해** 선고된, 따라서 그 본능 **외부**에서 비롯하는 어떤 가치 판단을 감추고 있는 말이거나, 아니면 그것이 느껴지는 강도나 움직이는 빈도나 퍼져 있는 분포 정도를 묘사하는 말에 불과하거나 둘 중 하나이기 때문입니다. 전자라면, 가치의 기초를 본능에서 찾겠다는 시도는 포기된 것입니다. 후자라면, 어떤 심리적 사건의 물량적 측면에 대한 관찰은 결코 실천적인 결론으로 이어질 수 없다는 사실을 기억해야 합니다. 사실 이는 오래된 딜레마입니다. 전제에 이미 어떤 명령이 숨어 있던가 아니면 결론이 그저 직설적 상태이던가, 둘 중의 하나일 수밖에 없는 상황 말입니다.[44]

....

44) 가치의 기초를 사실에서 찾으려는 시도는 결국 궁색한 논리에 빠질 수밖에 없다는 것은 《과학과 윤리 *Science and Ethics*》의 저자 C. H. 워딩턴Waddington 박사의 경우가 잘 보여 줍니다. 워딩턴 박사는 그 책에서 "실존 자체가 곧 자신의 정당화이다"(14쪽), 즉 "본질적으로 진화적인 어떤 실존은 그 자체가, 더 포괄적인 실존을 향한 진화에 대한 정당화이다"라고 말하고 있습니다(17쪽). 그런데 워딩턴 박사도 자신의 견해에 대해 아무런 문제를 느끼지 못하는 것은 아닌 듯싶습니다. 진화 과정의 가치에 대해 언급하면서, 진화가 발생한다는 사실 자체 외에 다음의 세 가지 근거를 제시하는 것을 보면 말입니다. (a) 후기 단계는 앞선 단계를 포함 혹은 '포괄' 한다는 점. (b) 진화에 대해 T. H. 헉슬리Huxley가 제시하는 그림은 '보험통계학적' 관점에서 본다면 반감을 주지 않을 것이라는 점. (c) 결국 진화는 사람들이 생각하듯 그렇게 나쁜 것은 아니라는 점('우리가 도저히 받아들일 수 없을 만큼 도덕적으로 거슬리는 것은 아니다', 18쪽). 워딩턴 박사는, 머리가 아닌 마음으로는 이 세 가지 변명을 더 중요시하는 것 같은데, 그렇다면 그는 자신의 중심 논지를 포기한 것입니다. 진화를 그 자체가 아니라 그것이 보여 주는 어떤 특질들에 입각해서 가치 있게 여기는(혹은 변호하는) 것은 어떤 외부적 기준을 사용하는 것이며, 이는 실존 자체를 그 실존의 정당화로 삼고자 하는 시도가 포기되었음을 의미하기 때문입니다. 아니, 그러한 시도가 계속 견지되고 있다손 치더라도 왜 워딩턴 박사는 진화 문제, 즉 어느 행성에 나타난 어떤 유기적 실존의 일시적 국면

마지막으로, 후손을 돌보고 종족을 보전하려는 본능이 과연 존재하기는 하는가의 문제도 탐구해 볼 만한 주제입니다. 저 자신 안에서는 그런 것을 발견하지 못합니다. 저는 먼 미래에 대해 생각해 보기를 좋아하는—올라프 스테이플던Olaf Stapledon[45]의 책들을 즐겁게 읽는—사람인데도 말입니다. 또, 저는 버스에서 제 맞은편에 앉은 사람들이나 정류장에 함께 줄 서 있는 사람들이 종족이나 후손에 대해 무언가 봉사하려는 비반성적 충동을 느끼고 있다고도 믿기 어렵습니다. 사실 특정한 방식의 교육을 받은 사람들만이 머릿속에 '후손'이라는 개념을 가지고 있을 뿐입니다.

반성적인 사고를 하는 사람들에게만 존재하는 어떤 대상에 대한

....

에만 그렇게 주목하는 것일까요? 이는 '지구 편향적geocentric' 태도입니다. 그의 말대로 선善이라는 것이 '자연이 우연히 하고 있는 모든 일'이라면 우리는 전체 자연이 지금 무슨 일을 하고 있는지를 주목해야 합니다. 제가 이해하기로, 지금 전체 자연은 우주의 모든 부분에서 모든 생명의 최종적인 소멸을 향해 점진적이고 돌이킬 수 없는 길을 가고 있습니다. 따라서 워딩턴 박사의 윤리는, 지구 생물학 같은 지역적인 문제에 기울어져 있는 그 근거 없는 편향성만 빠지고 나면, 살인과 자살을 우리의 유일한 의무로 만들어 버릴 것입니다. 그러나 이보다 더 큰 난점은, 워딩턴 박사의 제일 원리와 일반 사람들의 실제적 가치 판단 사이에 생긴 거대한 균열입니다. 어떤 것을 단순히 그것이 발생한다는 이유만으로 가치 있게 여기는 것은 사실상 반역자와 매국노처럼 성공을 숭배하는 태도에 불과합니다. 이보다 사악한 철학들은 많이 있었지만, 이보다 더 저속한 철학은 없었습니다. 저는 워딩턴 박사가 실제 삶에서도 그렇게 기정 사실fait accompli에 비굴하게 고개를 숙인다고는 생각하지 않습니다. 아마 그의 철학이 실제 삶에서 구현될 때의 모습은 《라셀라스Rasselas》22장에 나오는 다음 장면과 같은 정도일 것이다. "그 철학자는 일어나서는, 현 체제에 협조해 왔던 사람으로서의 의기양양한 태도를 풍기며 자리를 떠났다."*
45) 1886–1950. 영국의 철학자·공상과학소설가.

태도를 본능이라고 보기는 어렵습니다. 우리가 실제로 지니고 있는 본성은 자녀나 손자 손녀들을 보존하려는 충동입니다. 이는 상상력이 미래를 향해 뻗어 갈수록 점점 약해지다가, 마침내 '미래라는 방대한 사막'에 이르면 죽어 버리고 마는 충동입니다. 이 본능에 이끌리는 부모라면 그 누구도, 실제로 지금 방에서 울고 있는 자녀의 권리에 반反하는 어떤 가설상의 먼 자손의 권리를 생각해 본 일은 없을 것입니다. '도'를 받아들이는 사람이라면 마땅히 그런 생각을 해 봐야 한다고 말할 수 있을지 몰라도 본능을 가치의 원천으로 여기는 사람들에게는 가당치 않습니다. 모성애로부터 미래에 대한 이성적인 계획으로 넘어가는 것은 본능의 영역을 떠나 선택과 반성의 영역으로 들어가는 일입니다.

만일 본능이 가치의 원천이라면, 미래를 계획하는 일은 아기를 껴안고 어르는 어머니의 행동이나 맹목적으로 자식을 위하는 아버지의 어리석은 행동보다 덜 존경스럽고 덜 의무적인 일이라고 봐야 합니다. 만일 우리가 본능에 기초해서 살고자 한다면, 그런 행동들이 실체이고 후손에 대한 염려는—육아의 행복이 미지의 미래라는 스크린에 투사되어 아른거리는 거대한—그림자에 불과합니다. 이러한 투사가 나쁘다는 것은 아닙니다. 그러나 아무튼 저는 본능이 가치 판단의 근거라는 점을 믿을 수 없습니다. 사람들이 저지를 수 있는 어리석은 행동은, 후손에 대한 염려를 본능을 토대로 정당화할 수 있다고 주장하면서 그 유일한 기초가 되는 본능은 업

신여기며 진보니 미래 인류니 하는 것을 위해 아이를 엄마의 품에서 떼어내서 탁아소나 유치원에 맡겨 버리는 것입니다.

이제 사실적 명제들을 가지고서는, 또 본능에 대한 호소를 통해서는 그 혁신자가 결코 어떠한 가치 체계의 기초도 발견할 수 없다는 사실이 분명해졌을 것입니다. 그런 것들에서는 그가 필요로 하는 어떠한 원칙도 찾을 수 없습니다. 그 원칙들이 발견될 곳은 따로 있습니다. 공자는 군자(신사)에 대해 "사해四海 내의 모든 것이 다 그의 형제이다"(xii. 5)라고 말합니다. 스토아 철학자들은 "인간적인 것은 아무것도 나에게서 소외된 것으로 생각지 않는다 Humani nihil a me alienum puto"라고 말합니다. 예수님은 "대접받고자 하는 대로 남을 대접하라"[46]라고 말합니다. 로크John Locke[47]는 "인류는 보존되어야 한다"고 말합니다.[48] 후손이나 사회나 종족을 돌봐야 한다고 말하는 그 혁신자의 주장 배후에 깔린 실천적 원리들은 모두 태곳적부터 이미 도안에 존재했습니다. 그곳 말고 다른 곳에서는 발견될 수 없습니다. 이론 세계에서 자명한 공리axiom를 받아들이듯, 그것들을 행동 세계에서 지켜질 일종의 자명한 공리로 받아들이지 않는다면 여러분은 어떠한 실천적 원리도 가질 수 없습니다. 그 원리들은 도달할 수 있는 결론이 될

---

46) 마태복음 7장 12절 참조.
47) 1632~1704. 영국의 철학자·정치 사상가.
48) 이 책의 부록 참조.*

수 없습니다. 그것들은 전제들이기 때문입니다. 그것들은 가이우스와 티티우스가 원하는 종류의 '이유reason'를 제시할 수 있는 것은 아니기에 감상으로 여길 수도 있을 것입니다. 그러나 그럴 경우 여러분은 감상적 가치와 '진짜' '이성적' 가치를 대조하려 해서는 안 됩니다. 왜냐하면 모든 가치가 다 감상적이기 때문입니다. 여러분은 (모든 가치를 다 부인해 버리려 하지 않는 이상) 모든 감상을 주관적인 것에 '불과하다'고 말해서도 안 됩니다. 또한 여러분은 그것들이 이성적인 것, 아니 이성성 자체라고 여길 수도 있습니다. 너무도 명백하게 이성적이라서 증거를 요구하거나 인정할 수 없는 것 말입니다. 그러나 그럴 경우 이성은 실천적일 수 있다는 점을 인정해야 합니다. 즉, **당위**ought를 어떤 **사실**is이 증명해 낼 수 없다고 해서 무시해서는 안 됩니다. 자명한 것이 아무것도 없다면 어떤 것도 증명될 수 없습니다. 마찬가지로 만일 그 자체로서 의무적인 것이 존재하지 않는다면 그 무엇도 의무적인 것일 수 없습니다.

그들이 말하는 기본적·근본적 본능을 제가 단순히 다른 이름으로 부르는 게 아니냐고 생각할 수도 있습니다. 그러나 이는 단어 선택 훨씬 이상의 문제입니다. 그 혁신자는 (특별한 의미의) '이성적' '생물학적' 가치로 여기는 것들을 변호하기 위해, 전통적인 가치들('도')을 공격합니다. 그러나 우리가 보았듯이, 그가 '도'를 공격할 때 사용하는, 그리고 '도'를 대신할 수 있다고 주장하는 모든 가치가 실은 그 자체도 '도'에서 기인한 것입니다. 만일 그가 정말로 제로 지점으로부터 인류의 가치 전통 바깥에서 출발했다면, 제아무리 용을 써도 사람은 공동체를 위해 죽어야 하고 후손을 위해 일해야 한다는 개념을 향해서 한 발짝도 전진할 수 없었을 것입니다.

'도'가 무너지면 그와 더불어 가치에 대한 그의 개념도 모두 무너지고 맙니다. 그 개념 중 어느 것도 '도'의 권위 이외의 다른 권위를 주장할 수 없습니다. 그가 '도'를 공격할 수 있는 것도 실은 그가 물려받은 '도'의 어떤 단편들을 통해서 가능할 뿐입니다. 따라서 도대체 그가 무슨 자격으로 '도'의 어떤 점은 받아들이면서 다른 점은 거부하는지 묻지 않을 수 없습니다. 왜냐하면 그가 거부하는 부분이 아무 권위를 갖지 못한다면, 그가 받아들이는 부분 역시 권위를 갖지 못하기 때문입니다. 그가 받아들이는 부분이 타당하다면 그가 거절하는 부분들도 마찬가지로 타당합니다.

가령, 그 혁신자는 후손의 권리를 대단히 중시하는 사람일 수 있습니다. 그러나 그는 본능이나 (현대적 의미에서의) 이성으로부터는 그 권리의 타당성을 입증할 수 없습니다. 후손에 대한 의무를 실제로 그는 '도'에서 가져오고 있습니다. 모든 사람에게 선을 행해야 한다는 의무는 실천이성의 원리이며, 후손들에게 선을 행해야 한다는 의무 역시 거기서 도출되어 나오는 추론입니다. 그런데 우리에게 내려온 '도'의 모든 형식에는, 아이들과 후손에 대한 의무뿐 아니라 부모와 조상에 대한 의무도 엄연히 존재합니다. 그렇다면 대체 무슨 권리로 하나는 거부하면서 다른 하나는 받아들일 수 있습니까? 또 그 혁신자는 경제적 가치를 우선시하는 사람일수도 있습니다. 사람을 먹이고 입히는 것은 훌륭한 목적이며 이를 추구하기 위해서 정의나 신뢰성 문제들은 무시될 수 있다는 것입니다. 물론 '도'가 사람들을 먹이고 입히는 일을 중요하게 여긴다는 점에서는 그와 의견이 같습니다. 그 혁신자 자신도 '도'를 통해서가 아니었다면, 결코 그러한 의무를 배우지 못했을 것입니다.

그러나 '도'에는 그런 의무뿐 아니라, 그 혁신자가 허튼 것으로 치부하는 정의와 신뢰성에 대한 의무들도 엄연히 존재합니다. 그는 자기 나라의 발전을 위해서라면 다른 모든 것이 희생될 수 있다고 주장하는 맹목적 애국주의자나 인종차별주의자 혹은 극단적인 민족주의자일 수 있습니다. 그러나 어떠한 종류의 사실적 관찰이나 어떠한 본능적 호소도 그에게 그러한 주장의 근거를 제공해주지 못합니다. 여기서도 그는 사실 '도'에서 그러한 주장을 이끌어내고 있는 것입니다. 자신의 혈통에 대한 의무는 전통적 도덕의 일부입니다. 그러나 '도'에는 그뿐 아니라 그 의무에 한계를 두는, 정의에 대한 분명한 요구와 결국 모든 사람이 한 형제라는 법 또한 엄연히 존재합니다. 어떤 것은 택하고 어떤 것은 버리는 그 혁신자의 권위는 도대체 어디에서 오는 것입니까?

이러한 질문들에 대한 답을 알지 못하는 저로서는 다음과 같은 결론을 내릴 수밖에 없습니다. 저는 편의상 '도'라고 불렀지만, 다른 이들은 도덕률(자연법)Natural Law, 전통적 도덕Traditional Morality, 실천이성의 제1원칙the First Principles of Practical Reason, 가장 평범한 진리the First Platitudes 등으로 부르기도 하는 그것은, 여러 가능한 가치 체계들 중의 하나가 아닙니다. 그것은 모든 가치 판단들의 유일한 원천입니다. 만일 그것이 거부된다면 모든 가치가 거부되는 것입니다. 또 어떤 가치가 인정된다는 것은 그것 역시 인정되는 것입니다. 그것을 논박하고 그 대신 어떤 새로운 가치 체계를 세우려고 하는 시도는 자기모순입니다. 전에도 그렇고 앞으로도 세계 역사 속에서 전적으로 새로운 가치 판단이란 결코 있을 수 없습니다. 새로운 가치들, 혹은 (요즘 말로) '이데올로기'라고 주장되는 것들은 모두 '도' 자체의 단편들로 이루어진 것입니다. 전체 맥락으로부터 제멋대로 찢겨져 나가서는 격리되어 광기에 빠진 것들이지만, 여전히 그것들은 '도'에 의존하고 있으며, 자기 타당성을 오로지 '도'를 통해 얻습니다.

만일 부모에 대한 의무가 미신에 불과하다면 후손에 대한 의무 역시 미신에 불과합니다. 만일 정의가 미신이라면 자기 나라와 인종에 대한 의무도 마찬가지입니다. 만일 과학적 지식에 대한 추구가 참된 가치라면, 부부간의 정절도 마찬가지입니다. '도'에 맞서는 새로운 이데올로기들의 반란은 실상, 나무에 맞서는 가지들의 반란입니다. 반란군들이 성공할 경우 사실은 그들 자신을 파괴하는 셈입니다. 인간의 지성은 새로운 원색primary colour을 상상해 낼 수 없고 새로운 태양이나 하늘을 창조해낼 수 없는 것과 마찬 가지로, 새로운 가치를 창안해낼 능력도 없습니다.

그렇다면 이는 가치에 대한 우리의 인식에는 어떠한 진보도 있을 수 없다는 의미일까요? 한번 주어진 불변의 법에 영원히 묶인다는 뜻인가요? 우리가 순종해야 한다는 '도'가 과연 존재하기는 할까요? 사실 동양, 서양, 기독교, 이교, 유대교의 전통적 도덕들을 모아 놓고 보면, 거기에는 여러 가지 상호 모순과 부조리가 발견되지 않습니까? 물론, 비평과 모순 제거는 필요하며 그 과정을 통해 참된 발전이 있음도 인정합니다. 그러나 비평에는 전혀 다른 두 종류가 있다는 것을 알아야 합니다.

어느 언어 이론가가 모국어에 대해, 마치 자신은 그 언어의 특질에 전혀 매어 있지 않고 그 바깥에 있기라도 한 양, 상업적 편리와 과학적 정확성을 위해 관용구들과 철자의 대대적인 변경을 옹호하는 경우를 생각해 볼 수 있습니다. 또, '모국어를 사랑하고, 그 안에서 자란loved, and been well nurtured in, his mother tongue' [49] 어느 위대한 시인이 자신의 모국어를 크게 변경하는 경우도 있을 수 있습니다. 그러나 이 경우는 그 언어 자체의 정신에 따라 이루어지는 변경입니다. 시인은 내부에서부터 일하는 것이며

49) 존 키츠John Keats (1795-1821), 《히페리온의 몰락 *The Fall of Hyperion*》 I, 13-15.

변화를 겪는 그 언어 자체가 그 변화를 불러일으킨 것입니다.

이 두 경우는 셰익스피어의 작품이 기본 영어Basic English[50]와 다르듯 서로 다릅니다. 이는 내부로부터의 변경이 외부로부터의 변경과 다르고, 유기적인 변경이 외과적인 변경과 다른 점입니다. 마찬가지로 '도'는 내부로부터의 발전은 인정합니다. 참된 도덕적 진전과 단지 혁신에 불과한 것은 서로 다릅니다. "네가 당하고 싶지 않은 일을 남에게 하지 말라"는 유교의 도덕으로부터 "대접받고자 하는 대로 남을 대접하라"는 기독교 도덕으로 바뀌는 것은 참된 진전입니다. 그러나 니체의 도덕은 혁신에 불과합니다.

전자의 경우가 진전인 것은, 옛 격언의 타당성을 인정하지 않았던 사람이라면 누구도 새로운 격언을 받아들여야 할 이유를 찾지 못할 것이지만 옛 것을 받아들인 사람이라면 누구나 그 새 것이 동일한 원리에서 확장된 것임을 알아볼 터이기 때문입니다. 그가 새 격언을 거부한다고 해도, 그것을 어떤 잉여적인 것이나 지나치게 멀리 간 것으로 간주하기 때문이지, 자신의 가치관과는 전혀 이질적이어서 거부하는 것은 아닙니다.

그러나 니체의 윤리는, 모든 전통적인 도덕을 단순히 오류로 치부하고 어떠한 가치 판단의 근거로도 발견할 수 없는 위치에 자기

----

50) 찰스 오그던Charles K. Ogden이 1930년에 발표한, 기본 어휘 850개로 이루어진 간이 영어.

자신을 두려고 하는 사람들만이 받아들 수 있는 윤리입니다. 이는 "당신은 신선한 채소를 좋아하지요? 그렇다면, 이제부터는 직접 채소를 재배해서 완전히 신선한 채소를 먹어 보지 그래요"라고 말하는 사람과, "그 빵은 던져 버리고, 대신 이제부터는 벽돌과 지네를 먹어 보지 그래요"라고 말하는 사람의 차이입니다.

'도'의 정신을 이해하며 그 정신의 인도를 받아 온 사람들은 그 정신이 요구하는 방향으로 '도'를 수정할 수 있습니다. 오직 그들만이 방향을 알고 있습니다. 외부인은 그 문제에 대해 아무것도 알지 못합니다. 앞서 보았듯이, 외부인이 시도하는 변경들은 자가당착일 뿐입니다. 그 문자letter 안에 있는 불일치점들을 그 정신 spirit으로 간파하여 조화해내는 것이 아니라, 단지 자신이 처한 시간과 장소에서 우연히 주목하게 된 어떤 가르침 하나를 붙들고 늘어지면서—그렇게 하는 이유도 제시하지 못한 채—닳고 닳을 때까지 그것을 써먹을 뿐입니다. '도'를 수정할 수 있는 권위는 오로지 '도' 내부로부터만 생겨날 수 있습니다. 이것이 바로 공자가 말했던 바 "다른 도를 따르는 사람들과는 상의해 봐야 소용없다"[51]의 의미입니다. 이것이 아리스토텔레스가 제대로 양육받은 사람들만이 제대로 윤리를 공부할 수 있으며, 부패한 사람, 즉 '도' 바깥에 있는 사람은 그 학문의 출발점 자체를 이해할 수 없다고 말한

---

51) 《논어》, xv, 39.*

이유입니다.[52] 그런 사람은 적대적인 태도를 취할 수 있지만 비판적인 태도는 취할 수 없습니다. 토론되고 있는 주제 자체를 이해하지 못하기 때문입니다. 이것이 "율법을 알지 못하는 이 무리는 저주를 받은 자로다"[53], "믿는 사람은 정죄를 받지 않으리라"[54]는 말이 있는 이유입니다. 궁극적이지 않은 질문들에는 열린 태도 open mind가 유용합니다. 그러나 이론이성이나 실천이성의 그 궁극적 기초에 대해서 열린 태도를 취하는 것은 바보 같은 짓에 불과합니다. 이런 문제들에 대해 열린 태도를 취하는 사람이 있다면, 적어도 그는 입 다물고 있어야 합니다. 그는 다만 논점을 벗어난 이야기만 할 것이기 때문입니다. '도' 혹은 다른 무언가를 비판할 수 있는 근거가 '도' 바깥에는 존재하지 않습니다.

물론, 정당한 내적 비평과 치명적인 외적 비평의 경계를 정하기가 대단히 어려운 특별한 경우도 있을 수 있습니다. 그러나 전통적 도덕의 모든 가르침에 대해서 증거 제시가 안 되면 인정하지 않겠다고 윽박지르는 것은 애초부터 잘못된 태도입니다. 정당한 개혁자들은 예의 그 도덕 교훈이 그 교훈을 옹호하는 자들이 좀더 근본이라고 여기는 다른 교훈과 충돌하거나, 그 교훈이 구현한다

---

52) 《니코마코스 윤리학》 1905 B, 1140 B, 1151 A.*
53) 요한복음 7장 49절. 그 화자는 악의적으로 한 말이나, 거기에는 그가 의도했던 것 이상의 진리가 담겨 있습니다. 요한복음 11장 51절 참고.*
54) 마가복음 16장 16절.*

고 공언하는 어떤 가치 판단이 실제로는 구현되지 못한다는 점을 드러내 보이려고 애씁니다. "왜 그래야 되는데?" "그것이 왜 좋은데?" "누가 그래?" 등의 직접적인 정면 공격은 허용될 수 없습니다. 거칠고 공격적이기 때문에서가 아니라, 어떠한 가치도 그런 수준에서는 정당화될 수 없기 때문입니다. 만일 계속 **그런** 종류의 재판을 고집한다면 모든 가치들이 파괴되고 말 것이며, 종국에는 그 비판받는 가치뿐 아니라 비판의 기초가 되는 것들도 모조리 파괴될 것입니다. '도'의 머리에 권총을 들이대서는 안 됩니다. 또한 증거가 제시되어야만 그 가르침에 순종하겠다는 태도를 가져서도 안 됩니다. '도'를 실천하는 사람들만이 '도'를 이해할 수 있습니다. 이성이 올 때, 잘 양육받은 고귀한 마음의 소유자*the cuor gentil*만이 그 이성을 알아 볼 수 있습니다.[55] 바울처럼 바리새인으로서 "율법의 의로는 흠이 없는"[56] 사람이어야만 율법의 어디가 어떻게 부족한지 알 수 있습니다.

오해를 피하기 위해 한마디 덧붙이겠습니다. 비록 저는 유신론자이자 그리스도인이지만, 여기서는 유신론에 대한 어떠한 간접적 논증도 시도하지 않았습니다. 다만, 만일 우리가 가치라는 것을 갖고자 한다면 실천이성의 궁극적인 평범한 진리들을 절대적 타당

---

55) 《공화국》, 402 A.*
56) 빌립보서 3장 6절.*

성을 지닌 것으로 받아들여야 한다는 점만 말했을 뿐입니다. 그런 가치에는 회의적으로 대하면서, 모종의 좀더 '현실적인' 기초 위에 가치를 세우려는 시도는 실패할 수밖에 없습니다. 이러한 입장에 '도'의 초자연적 기원 문제가 내포되어 있는지 여부는 지금 저의 관심사가 아닙니다.

그러나 현대인들이 우리가 도달한 이런 결론을 순순히 받아들일까요? 다음과 같은 반론도 가능합니다. "우리가 절대적이라고 여기는 이 '도'도 사실은 다른 모든 것들처럼 하나의 현상—선조들의 농업 생활양식이나 생리학이 그들의 정신에 반영된 것—에 불과하다. 우리는 그것들이 생성되는 방식을 원칙적으로는 이미 알고 있다. 곧 그 세부 사항들도 알게 될 것이고, 결국 그런 것 모두를 우리 뜻대로 만들어 낼 수 있게 될 것이다. 물론, 인간의 사고방식이 어떻게 형성되는지 무지했을 때는 이러한 정신적 지식을 일종의 주어진 준거datum로서, 심지어 주인으로서 받아들였다. 그러나 한때는 주인이었던 자연의 많은 부분이 이제는 우리의 종이 되었다. 이 역시도 그렇게 되지 않겠는가? 왜 우리의 자연 정복이 어리석은 경외심 때문에, 지금까지 인간의 양심이라고 불러 온 자연의 최종적이고 가장 강경한 부분 앞에서 멈춰 서야 하겠는가? 당신은 지금, 그것을 벗어날 경우 맞게 될 막연한 재난을 들먹이며 겁 주고 있다. 그러나 인간의 발전은 각 단계마다 당신처럼 계몽을 반대하는 이들의 위협을 받아 왔지만, 그 위협은 매번 거짓

임이 드러났다. 당신은 '도'를 벗어나면 어떠한 가치도 가질 수 없다고 말한다. 좋다. 아마 우리는 그런 것 없이도 얼마든지 문제없이 살 수 있다는 것을 알게 될 것이다. **당위**에 대한 모든 개념들은 하나의 흥미로운 심리학적 잔존물로 여기자. 그런 것들은 다 벗어던지고 이제 우리가 좋아하는 것을 시작하도록 하자. 인간이 어떤 존재이어야 하는지를 이제는 우리 스스로 결정하고, 그렇게 인간을 만들어 나가자. 어떤 가상의 가치에 근거해서가 아니라 우리가 원하는 바에 따라 만들어 나가자. 환경을 정복한 우리는 이제 우리 자신을 정복하고 자신의 운명을 스스로 선택하도록 하자."

이는 대단히 그럴듯한 입장입니다. 그리고 이런 입장의 사람들은, 전통적 가치를 허튼 것으로 치부하면서도 여전히 '진짜' 가치를 발견하고 싶어 하는 어중간한 회의론자들과 달리, 자가당착이라는 비난을 받지 않습니다. 왜냐하면 그들은 가치라는 개념 자체를 완전히 거부하기 때문입니다. 다음 강의는 여기에 대한 것입니다.

3

인간 폐지

그가 무슨 말을 하든, 뭐라고 구슬리든, 일단 나를 자기 집으로 데려간 다음에는 나를 노예로 팔아먹을 것이라는 생각이 내 머릿속을 뜨겁게 달궜다.

– 버니언 Bunyan

'인간의 자연 정복'이란 응용과학의 발전을 묘사하는 데에 흔히 사용되는 표현입니다. "인간은 자연에게 일격을 가했다." 얼마 전 한 친구가 이렇게 말했습니다. 결핵으로 투병 중이던 그의 상황에서 이 말은 어쩐지 비장미를 풍겼습니다. "물론 나는 사상자 중 하나야. 하지만 지는 편뿐 아니라 이기는 편에서도 사상자는 생기기 마련이지. 사상자가 생겼다고 해서 우리가 이기고 있다는 사실을 바꿔 놓진 못해" 하고 그는 말했습니다. 이 이야기를 출발점으로 택한 것은, '인간의 자연 정복' 과정에서 우리에게 참으로 유익을 가져온 것들에 대해서는 전혀 비판할 의사가 없음을 분명히 밝히기 위함입니다. 더욱이 그 과정에서 행해진 진정한 헌신과 자기희생에 대해서는 더 그렇습니다.

그러나 일단 이 점을 분명히 했다면, 그 사상에 대해 좀더 자세히 분석해 보지 않을 수 없습니다. 대체 인간이 어떤 의미에서 자연을 넘어서는 점증하는 힘의 소유자란 말입니까?

전형적인 예 세 가지만 들어 보겠습니다. 비행기, 라디오, 피임법입니다. 평화시 문명사회에서는 누구든지 돈만 지불하면 이것들을 사용할 수 있습니다. 그러나 엄밀히 따지자면, 이런 것을 사용한다고 해서 자연에 대해 고유하게 개인적인 힘을 행사하는 것이라고는 볼 수 없습니다. 제가 돈을 지불하고 이것들을 이용한다고 해서 제게 그런 힘이 있는 것은 아닙니다. 앞서 언급한 이 세 가지는 모두 사람들—판매자, 판매 허가권자, 생산 원천의 소유자, 제조자 등—에 의해 사용을 봉쇄당할 수 있습니다.

이렇듯 인간의 힘이라는 것은 사실 어떤 특정한 사람들이 갖고 있는 힘을 의미하며, 그들은 다른 사람들에게 그 힘을 사용하도록 허락하여 유익을 얻게끔 할 수도 있고 그렇게 안 할 수도 있습니다. 또 비행기나 전화의 경우는 인간이 소유자인 동시에 객체 혹은 대상자이기도 합니다. 왜냐하면 그는 폭탄이나 선전의 표적이 될 수도 있기 때문입니다. 피임법도 역설적이고 부정적인 의미에서, 미래에 존재할 모든 세대는 이미 살고 있는 인간이 행사하는 힘의 객체 내지 대상자라고 할 수 있습니다. 피임을 통해 미래 세대는 존재 자체를 거절당할 수 있으며, 또 선택적 번식의 수단으로서 피임이 이용될 경우 그들은 자신들의 의지와 상관없이, 앞 세대가 그들 나름의 이유와 선호에 따라 만들어 내는 인간들이 될 수 있기 때문입니다. 이런 관점에서 보면 자연에 대한 인간의 힘이라는 것이 사실은, 어떤 인간들이 자연을 도구 삼아 다른 인간들에게 행사하는 힘이라는 사실이 드러납니다.

지금까지 흔히 인간은 과학이 가져다 준 힘으로 동료 인간에게 해를 끼치며 그 힘을 잘못 사용해 왔다는 소리를 들었습니다. 그러나 지금 말하려는 요지는 그것이 아닙니다. 저는 도덕적 덕이 증가되면 자연히 치유될 수 있는 특정 부패나 오용에 대해 말하려는 것이 아니라, '자연을 지배하는 인간의 힘'이 본질적이고도 항구적으로 의미하는 바에 대해 생각해 보고자 합니다. 물론 원료나 공장들에 대한 공적 소유나 과학 연구에 대한 공적 제어 등을 통해 사태가 완화될 수도 있습니다. 그러나 세계 통합정부가 생기지 않는 한, 그 힘은 여전히 한 나라가 다른 나라들에게 행사하는 힘을 의미할 뿐입니다. 그리고 세계 통합정부나 한 나라 안에서도 그것은 (원칙적으로) 다수가 소수에게 행사하는 힘, (구체적으로) 정부가 국민에게 행사하는 힘을 의미할 것입니다. 그리고 장기간에 걸쳐 행사되는 모든 힘은, 특히 번식의 경우 앞선 세대가 이후 세대에게 행사하는 힘을 의미할 수밖에 없습니다. 후자의 요지는 아직 충분히 강조되고 있지 않은데, 왜냐하면 사회 문제에 관해 글을 쓰는 이들이 아직까지는 시간 차원의 논의를 문제 삼는 일에 대해서 물리학자들만큼 민감하지 않기 때문입니다.

자연에 대한 인간의 힘, 즉 어떤 인간들이 다른 인간들에 대해 갖는 힘이 실제로 무엇을 의미하는지 완전히 이해하기 위해서는 인류가 출현한 시기부터 사멸하는 시기의 전 과정을 고려해야 합니다. 각 세대는 이후 세대에 대해 힘을 행사합니다. 그리고 각 세대는 물려받은 환경을 변화시키고 전통에 반항하는 정도로, 앞선 세대의 힘에 저항하고 한계를 정합니다. 이는 전통으로부터의 진보적인 해방과 자연 과정들에 대한 진보적 조절은 인간 힘의 지속적인 증가를 가져온다는 일반적인 생각을 수정해 줍니다. 실제로는, 어떤 한 세대가 정말로 우생학優生學eugenics이나 과학적 교육을 통해 원하는 형태의 후손을 만들어 낼 수 있는 힘을 갖게 된다면, 그 후에 등장하는 모든 인간은 그 힘의 객체에 불과하기 때문입니다. 이 경우 후손은 더 약해지는 것이지 더 강해지는 것이 아닙니다. 우리가 그들 손에 놀라운 기계를 물려준다 하더라도, 그 기계의 사용법을 미리 정하는 주체는 바로 우리이기 때문입니다. 그리고 만약 이렇게 후손에 대해 최대한의 힘을 갖게 된 세대가 또한 전통으로부터 가장 해방된 세대이기도 하다면—이는 거의 확실합니다—그 세대는 앞선 세대들의 힘도 자기 이후 세대의 힘만큼이나 철저하게 감소시켜 버린 세대일 것입니다. 또한 이와는 별도로 이후 세대일수록, 즉 인류의 사멸에 더 가까울수록 그 세대는 자기 이후 세대에 더 적은 힘을 가진다는 점도 기억해야 합니다. 왜냐하면 그 대상의 수가 아주 적을 것이기 때문입니다. 따라서 인간 종이 생존하는 기간 동안 지속적으로 힘이 증가한다는 것은 있을 수 없는 이야기입니다.

최후의 인간들은, 힘의 상속자이기는커녕 위대한 계획자들과 조작자들의 죽은 손에 가장 종속된 인간이자, 미래에 대해 가장 미약한 힘을 행사하게 될 것입니다. 진실은, 한 지배적인 세대가—주후 1만 년 정도라고 가정해 봅시다—이전 모든 세대에 대해 가장 성공적으로 반항하고, 이후 모든 세대에 가장 철저하게 지배권을 행사하는, 그래서 인간 종의 진짜 주인이 될 수 있다는 것입니다. 그러나 이러한 주인 세대(이 자체도 극소수의 사람들이지만) 내에서도, 그 힘은 더 적은 소수에 의해 행사될 것입니다.

이렇듯 어떤 과학적 계획자들이 꿈꾸는 바대로 실현될 경우, 인간의 자연 정복이란 실상 수백 명의 인간이 이루 헤아릴 수 없는 무수한 인간에게 행사하는 지배력을 의미합니다. 인간 힘의 단순한 증가란 존재하지 않고 또 존재할 수도 없습니다. 인간이 갖는 모든 새로운 힘이란 또한 인간에 대해 행사하는 힘이기 때문입니다. 각각의 진보는 인간을 더 강한 존재로 만드는 동시에 더 약한 존재로도 만듭니다. 각각의 승리마다 인간은 개선행진을 하는 장

군이자 동시에 그 행진을 따르는 포로이기도 합니다.

지금 저는 그런 양면성을 가진 승리의 총괄적 결과가 좋은지 나쁜지를 따지려는 것이 아닙니다. 다만 인간의 자연 정복이라는 것이, 특히 장차 멀지 않은 그 정복의 최종 단계가 실제로 무엇을 의미하는지를 명확히 하려는 것입니다. 그 최종 단계는 인간이 우생학, 태아기 조작, 완벽한 응용심리학에 기초한 교육과 선전 등을 통해 자기 자신을 완벽하게 통제할 수 있을 때 다가올 것입니다. **인간** 본성Human nature이 바로 인간에게 항복하는 자연의 마지막 부분이 될 것입니다. 그때 전쟁은 최종 승리가 이루어질 것입니다. 우리는 '클로토 여신Clotho[57]의 손에서 생명의 실을 **빼앗게**' 될 것이고, 그때부터는 우리가 원하는 대로 우리 종을 자유롭게 만들어 나갈 것입니다. 전쟁은 분명 승리로 끝나게 될 것입니다. 그러나 그 승리자는 정확히 누구입니까?

왜냐하면 인간 자신이 원하는 대로 자신을 만들 수 있는 힘이란, 앞서 보았듯이 실은 어떤 인간들이 다른 인간들을 **그들이** 원하는 대로 만들어 낼 수 있는 힘을 의미하기 때문입니다. 물론 어떤 의미에서는 어느 시대든 사람들은 양육과 교육을 통해서 이런 힘을 행사하고자 했습니다. 그러나 앞으로 다가올 것으로 예상되는 상황은 두 가지 면에서 새로운 점이 있습니다. 첫째로, 그 힘은

---

57) 그리스 신화에 나오는 생명의 실을 잣는 여신.

양적으로 엄청나게 증가될 것입니다. 지금까지 교육가들의 시도는 지극히 미약한 성공만 거둬 왔을 뿐입니다. 그들의 책을 읽어 보면 알 수 있습니다. 플라톤은 모든 유아는 "담당 관청에서 사생아로 양육받아야"한다고 말했고, 엘리엇Thomas Elyot[58]은 남자아이는 일곱 살 전에는 남자를 보지 못하게 하고 그 후로는 여자를 보지 못하게 해야 한다고 말했으며[59], 로크는 아이들로 하여금 물이 스며 들어오는 신발을 신게 하고 시詩에 관심을 갖지 못하게 해야 한다고 말했습니다.[60] 우리는 인류가 이나마 건전성을 보존하고 있다는 점과 관련하여 진짜 어머니들 · 진짜 유모들 · (무엇보다도) 진짜 아이들의 유익한 고집에 대해 감사해야 할 것입니다. 그러나 새로운 세대의 그 인간 제작자들은 전능한 국가와 저항할 수 없는 기술의 힘으로 무장되어 있을 것입니다. 마침내 우리는 정말로 모든 후손을 자신들이 원하는 모습대로 만들어 낼 수 있는 조작자들 conditioners을 갖게 되는 것입니다.

....

58) c. 1490–1546. 영국의 작가 · 행정가.
59) 《위정자론The Boke Named the Governour》, I. iv : "의사를 제외하고는 육아실에는 어떠한 남자도 들어가서는 안 된다." I. vi: "아이가 7살이 되고 난 다음에는······ 가장 확실한 방법은 어느 여자하고도 같이 있지 못하게 하는 것이다."*
60) 《교육에 대한 몇 가지 견해Some Thoughts concerning Education》, §.7: "나는 그의 발을 매일 찬물로 씻어 줄 것과 얇은 신발을 신겨서 물기 있는 곳을 걸을 때마다 물이 스며들게 만들 것을 권한다." §.174: "아버지가 아이가 보이는 시적 기질을 소중히 여겨 주고 개발시켜 주는 것처럼 이상한 일은 없다. 나는 부모들이 최대한 그것을 억눌러 없애도록 노력해야 한다고 생각한다." 그러나 로크는 교육에 관한 가장 지각 있는 사상가들 중의 한 사람입니다.*

두 번째의 새로운 점은 훨씬 더 중요합니다. 과거의 체제에서는 길러내고자 하는 종류의 사람과 그런 사람을 기르려는 교사들의 동기가 모두 '도'—교사들 자신도 종속되어 있으며 일탈의 자유를 주장하지 않았던 어떤 규범—에 의해 규정되었습니다. 그들은 자신들이 마음대로 선택한 어떤 양식에 맞춰 사람을 만들어 내려고 하지 않았습니다. 다만 전수받은 것을 전해 주었을 뿐입니다. 그들은 자신을 포함해 모든 사람을 덮고 있는 인간성의 신비를 젊은 신참자들에게 전수했던 것입니다. 이는 어른 새가 어린 새들에게 나는 법을 가르치는 일과 같았습니다.

그런데 이제 상황이 바뀔 것입니다. 이제 가치는 단순히 자연적 현상으로 취급됩니다. 가치 판단은 조건화 과정의 일부로서 학생들 내면에 만들어질 것입니다. '도'가 무엇이든 하여간 그것은 이제 교육의 생산품일 뿐 동기가 아닐 것입니다. 조작자들은 그런 모든 것으로부터 해방될 것입니다. 그것은 이제 정복한 자연의 일부일 뿐입니다. 인간 행동의 궁극적인 원천은 더 이상 주어진 무엇이 아닙니다. 전기처럼 그것도 이제는 정복물입니다. 조작자들의 기능은 '도'에 순종하는 것이 아니라 그것을 지배하는 데 있습니다. 그들은 어떻게 양심을 **만들어 내는지** 알고 있으며, 어떤 종류의 양심을 만들어 낼 것인지 스스로 결정합니다. 그들 자신은 그 바깥에, 그리고 위에 존재하면서 말입니다. 지금 우리는 인간이 자연과 벌이는 투쟁의 마지막 단계를 가정하는 것입니다. 최종적 승리가 이루어진 단계이며, 마침내 인간이 자신의 본성마저 정복한—이 말의 의미가 무엇이든—단계 말입니다.

조작자들은 그들 나름의 이유에 입각하여, 대체 인류 안에 어떤 종류의 인위적인 '도'를 만들어 낼 것인지 선택해야 합니다. 그들은 동기를 주는 자들, 동기의 창조자들입니다. 그런데 그들 자신은 대체 어디서 동기를 부여받을까요?

아마도 한동안 그들의 정신 속에는 옛 '자연적' 도가 남아 있을 것입니다. 그래서 처음에는 자신들이 인간성을 섬기는 종이요 수호자라고 여길 것이고, 자신들에게는 인류에게 '선'을 끼칠 '의무'가 있다고 생각할 것입니다. 그러나 그들이 이런 상태에 머물 수 있는 것은 다만 사고의 혼란 때문입니다. 그들은 이제 의무라는 개념을 조작할 수 있는 과정의 결과물로 여깁니다. 그들의 승리는 바로, 그러한 과정들의 작용을 받아들일 수만 있던 상태에서 이제 그것들을 도구로 사용할 수 있는 상태로 빠져 나왔다는 데에 있습니다. 그들이 결정해야 할 사항 중 하나는, 나머지 인간들로 하여금 계속해서 의무라는 옛 관념에 대해서 옛날식으로 반응하며 살도록 조건화할지 말지의 문제입니다. 그러므로 이런 결정에 어떻게 의무가 도움이 될 수 있겠습니까? 의무 자체가 재판받는 신분입니다. 그것은 재판관이 될 수 없습니다.

'선'이라는 말도 마찬가지입니다. 그들은 우리 안에 선에 대한 수십 가지 서로 다른 개념을 만들어 내는 법을 잘 알고 있습니다.

문제는 어떤 것을 만들어 내느냐 입니다. 따라서 선에 대한 어떠한 개념도 그들의 결정에 도움을 줄 수 없습니다. 비교의 대상 중 하나에 불과한 것을 비교의 기준으로 삼는 것은 우스꽝스러운 일이기 때문입니다.

어떤 이들은 제가 그 조작자들에 대해 인위적인 난제를 일부러 꾸며 대는 것처럼 볼 수도 있겠고, 생각이 더 단순한 이들이라면 이렇게 비판할 수도 있을 것입니다. "아니, 왜 당신은 그들을 그렇게 나쁜 사람들로 가정합니까?" 그러나 정말이지 저는 그들을 나쁜 사람들로 가정하고 있지 않습니다. 나쁜 사람들이라기보다는, 그들은 (옛 의미에서 볼 때) 아예 사람이 아닙니다. 달리 표현하자면, 그들은 앞으로 '인간성'이 어떤 의미여야 하는지를 결정하는 일에 헌신하기 위해 전통적인 의미의 인간이기를 스스로 포기한 사람들입니다. 그들에게는 '선'이니 '악'이니 하는 것은 무의미한 말에 지나지 않습니다. 왜냐하면 그런 단어들의 내용을 이제는 그들 자신이 결정하기 때문입니다. 또 그들의 난제 역시 인위적인 것이 아닙니다. 이렇게 말하는 사람도 있을 수 있습니다.

"결국 우리들 대부분이 원하는 것은 동일합니다. 먹을 것과 마실 것, 섹스, 오락, 예술, 과학 그리고 개인과 종의 가능한 최대의 수명 등. 간단히 말해서, 이런 것들이 우리가 좋아하는 것이고, 그 조작자들은 그런 것들을 가장 잘 만들어 낼 수 있도록 사람을 조건화한다는 것인데 문제될 게 뭡니까?"

그러나 이는 답이 못 됩니다. 우선, 우리가 모두 동일한 것을 원한다는 말 자체가 거짓입니다. 설령 원한다 치더라도, 대체 어떤 동기로 그 조작자들이 후손이 원하는 것을 갖게 하기 위해 자신들의 쾌락은 포기하고 힘들여 일하겠습니까? 의무 때문에? 그러나 의무라는 것은 '도'이며, 그들이 임의대로 우리에게 '도'를 부과할 수는 있어도 그들 자신에게는 구속력을 갖지 못합니다. 만일 그들이 그 '도'를 받아들인다면 그들은 양심의 제작자가 아니라 종속자라는 말이고, 이는 그들의 최종적 자연 정복이 실제로는 아직 완결되지 않았다는 말이 됩니다. 종의 보존을 위해서? 그러나 도대체 종이 보존되어야 하는 이유는 무엇입니까? 후손들에 대한 이러한 느낌—만들어 내는 법을 그들이 잘 알고 있는—이 계속되게 만들어야 할지 여부 역시 그들 앞에 놓인 질문 중의 하나일 뿐입니다. 제아무리 뒤로, 아래로 가 보아도 그들이 발 딛고 설 근거를 발견할 수 없습니다. 자신들의 행동 동기라고 제시하는 것은 모두 논점회피*petitio*일 뿐입니다. 그들은 나쁜 사람인 것이 아닙니다. 그들은 아예 사람이 아닙니다. '도' 바깥으로 나갈 때 그들은 허공 속으로 들어간 것입니다. 그들의 지배를 받는 이들이 꼭 불행한 사람인 것은 아닙니다. 그들은 아예 사람이 아닙니다. 그것은 제품일 뿐입니다. 이렇게 인간의 최종 정복은 결국 인간의 폐지abolition of Man를 의미합니다.

그러나 조작자들은 어쨌거나 행동할 것입니다. 어떤 것도 그들의 행위 동기가 될 수 없다고 했지만, 사실 한 가지 동기는 예외입니다. 어떤 주어진 순간에 느끼는 감정의 강도 외에 다른 어떤 타당성을 요구하는 동기들은 그 무엇이 되었건 그들의 행위 동기가 될 수 없습니다. '이것이 내 바람이며 이것이 내 명령이다*sic volo, sic jubeo*'를 제외한 모든 것은 이미 설명을 통해 타당성을 상실 당했습니다.

그러나 한 번도 자신의 객관성을 주장한 바가 없는 것들은 주관주의에 의해 파괴될 수 없습니다. 가려울 때 긁고 싶은 충동이나 호기심이 생길 때 분해해 버리고 싶은 충동은, 정의나 명예나 후손에 대한 돌봄 등에 대해서는 치명적으로 작용하는 용해제에 의해서도 사라지지 않습니다. "그것은 좋은 것이다"라고 말하는 모든 것이 다 허튼 소리로 치부된 다음에도, "내가 원한다"라고 말하는 것들은 남습니다. 그것들은 파괴되거나 '꿰뚫어질' 수 없는데 이는 전혀 자기주장을 하지 않기 때문입니다. 그러므로 조작자들은 순전히 그들 자신의 쾌락에 의해서만 동기를 부여받는 상황에 이를 수밖에 없습니다.

지금 저는, 힘은 사람을 부패시키는 경향이 있고 그래서 조작자들은 타락해 버릴 것이라는 말을 하는 것이 아닙니다. **부패**나 **타락**이라는 말 자체도 이미 어떤 가치의 교리를 내포하고 있어서 이 맥락에서는 무의미할 뿐입니다. 요지는 모든 가치 판단 외부에 있는 이들의 경우, 그들이 어떤 충동을 다른 충동보다 더 우선시하게 되는 근거는 그 충동의 감정적인 강도强度 외에는 아무것도 없다는 것입니다.

물론 우리는 모든 '이성적' '영적' 동기가 박탈된 정신 안에서 일어나는 충동 중에서도 어떤 선의의 것이 있기를 희망할 수는 있습니다. 그러나 선의의 충동이 '도'의 가르침을 통해 우선시되거나 격려받지 못할 경우, 즉 단순히 심리적 사건으로서 자연적인 강도와 빈도만 가졌을 경우, 과연 행위를 결정하는 데에 큰 힘을 행사할 수 있을지 의문입니다. 또한 전통적인 도덕을 일탈했던 권력자들 중에서 그 힘을 선의로 사용했던 사람이 역사 속에서 과연 한 명이라도 있었는지도 의심스럽습니다.

저는 그 조작자들이 피조작자들을 미워할 것이라는 생각도 듭니다. 비록 자신들이 피조작자 안에 만들어 내는 인위적인 양심이 하나의 허상일 뿐이라는 것을 알지만, 그러나 조직자들은 그 인위적 양심이 자신들의 공허감보다는 나은, 삶의 의미라는 환상을 창조한다는 점을 압니다. 그래서 내시가 정상적인 남자를 시기하듯 그들은 피조작자들을 시기할 것입니다. 그러나 꼭 이렇게 될 것이라는 주장은 아닙니다. 저의 추측에 불과합니다.

그러나 추측이 아닌 분명한 사실 하나는, '조건화된' 행복일지라도 그것을 누릴 수 있으리라는 희망은 —조작자들의 내면이 우연히 선의의 충동에 지배되는— '우연'에 달려 있다는 사실입니다. 왜냐하면 '선은 좋은 것이다'라는 판단 없이는—즉, 다시 '도'로 돌아가지 않고서는—그들이 다른 충동이 아니라 그 선의의 충동을 스스로 북돋우고 안정화할 근거는 존재하지 않기 때문입니다. 그들의 논리대로라면, 무엇이든 그저 우연히 생겨나는 충동을 좇아 행동할 수밖에 없습니다. 그런데 우연이란 자연을 의미합니다. 즉, 그 조작자들의 동기가 생겨 나는 원천은 유전, 소화, 날씨, 연상 작용 같은 것들입니다. 이렇게 그들의 극단적인 이성주의는 모든 '이성적인' 동기들을 '꿰뚫어보기'를 통해 결국 그들을 전적으로 비이성적인 행위의 존재로 만들어 놓습니다. 만일 우리가 '도'에 순종하지 않는다면, 자살해 버리지 않는 한 우리에게 유일하게 남는 길은 충동에 (즉, 단순한 '자연'에) 순종하는 것뿐입니다.

이렇듯 자연에 대해 인간이 승리한다는 것은 전체 인간 종이 한 개인에게 종속되며, 그 개인 자신도 그 안에 있는 단순한 '자연' 즉, 비이성적인 충동에 종속된다는 것을 의미합니다. 가치의 구속을 받지 않는 자연은 조작자들을 지배하고, 그들을 통해 전 인류를 지배하게 됩니다. 이렇게 인간의 자연 정복은, 그 절정의 순간에서 결국 자연의 인간 정복을 의미할 뿐입니다. 우리의 승리로 보였던 모든 것이 실은 이런 결론으로 한 걸음씩 이끌려 온 것입니다. 자연의 패배로 보였던 모든 것이 실은 자연의 전략적 후퇴였던 것입니다. 우리가 자연을 격퇴하고 있다고 생각했지만 실은 자연이 우리를 유인하고 있었던 것입니다. 우리에게 항복하느라 손을 드는 것이라고 생각했지만 실상 자연은 우리를 영원히 포위하기 위해 두 팔을 벌리는 것이었습니다. 만일 완벽하게 계획화되고 조건화된 ('도'도 그 계획의 산물로서 만들어 내는) 세상이 온다면, 자연은 수백만 년 전에 자신에게 반기를 들며 일어났던 반항적인 종에게서 더 이상 성가심을 당하지 않게 될 것이고, 진리니 자비니 아름다움이니 행복이니 하며 귀찮게 떠드는 소리도 더 이상 듣지 않게 될 것입니다. 자연은 자신을 정복한 자를 정복한 것입니다 *Ferum victorem cepit*. 그리고 만일 우생학이 완전히 발달하게 되면 두 번째 반란은 일어나지 않을 것이고, 모든 인간은 조작자들의 지배에 순응하고 또 그 조작자들은 자연의 지배에 순응하며 달이 떨어지고 태양이 냉각될 때까지 평온하게 지낼 것입니다.

이를 달리 표현해 보면 좀더 명확히 이해될 것입니다. 자연은 다양한 의미를 가진 단어입니다. 따라서 자연에 대한 다양한 반대말들을 생각해 보면 그 의미를 가장 잘 이해할 수 있습니다. 자연적인 것이란 인공적인 것, 문명적인 것, 인간적인 것, 영적인 것, 초자연적인 것의 반대입니다. 여기서 인공적인 것은 우리의 관심이 아닙니다. 그러나 나머지 반대말 목록에 대해 생각해 보면, 사람들이 자연이라는 말을 어떤 의미로 사용해 왔으며 자연에 대해 반대해 왔던 점이 무엇인지에 대해 대략적인 개념을 얻을 수 있습니다. 자연은 공간성과 시간성을 가진 것으로 간주됩니다. 그런 성질이 덜하거나 전혀 없는 것들과 대조되는 것으로 말입니다. 이런 식으로, 자연이란 질의 세계와 대비되는 양의 세계, 의식意識

과 대비되는 물질, 완전한 또는 부분적인 자율성과 대비되는 속박, 가치에 대한 인식과 대비하여 가치에 대한 무지, 궁극인final causes과 대비되는—혹은 현대의 어떤 이론에 따르면 아무런 원인성도 갖지 못한—동인動因efficient causes의 세계입니다. 그러므로 우리가 어떤 것을 분석적으로 이해하고 우리의 편의를 위해 지배하고 이용한다는 것은, 그것에 대한 가치 판단을 보류하고 그 궁극인을 무시하며 그것을 양의 견지에서 다룬다는 의미에서 '자연'의 수준으로 축소하는 것이라고 생각합니다. 그런데 이렇게 우리가 우리의 전체로 반응하지 않고 어떤 요소들을 억압하는 것은 때로 두드러지게 지각되기도 하고 심지어 고통스럽게 느껴지기도 합니다. 해부실에서 죽은 사람이나 살아 있는 동물을 해부하기 위해선 무언가가 극복되어야 합니다. 이러한 대상은 우리가 그것을 단순한 자연의 세계 속으로 밀어 넣는 정신적 움직임을 **거부하기** 때문입니다.

그러나 비록 인식은 못한다 하더라도 다른 경우에서도 분석적 지식이나 조작적 힘을 얻기 위해서는 이와 유사한 대가가 치러집니다. 우리가 잘라서 목재로 만드는 나무를 드루아스Dryads[61]나 아름다운 대상으로 보지 않습니다. 그렇게 보았던 최초의 인간은 아마 그 대가를 예리하게 치렀을 것입니다. 베르길리우스나 스펜

....

61) 그리스 신화에 나오는 나무·숲의 요정.

서 Edmund Spenser[62]의 작품에 나오는 피 흘리는 나무들에 대한 이야기가 아마도 불경함에 대한 태곳적 인간들의 의식을 어렴풋이 반향해 주는 것이 아닐까 합니다. 천문학의 발달로 별들은 신성을 잃어버렸고, 죽어 가는 신들은 화학적 농업에 설자리를 빼앗겼습니다. 물론 많은 이들은 이를 그저, 진짜 세상은 우리가 예상했던 바와 다르며, 갈릴레오나 '시체도둑들body-snatchers'[63]에 대한 옛 반대는 몽매주의에 불과하다는 사실을 인류가 점진적으로 발견해 온 과정이라고 여길 것입니다. 그러나 이것이 이야기의 전부는 아닙니다. 현대의 최고 과학자들은 질적인 속성이 해체되고 단지 양으로 축소된 대상을 온전한 실재라고 확신하지 않습니다. 시시한 과학자들이나 과학에 대한 시시한 추종자들만이 그렇게 생각할 뿐입니다. 위대한 과학자들은 그런 식으로 다뤄지는 대상은 인위적인 추상물일 뿐이며 그 실재의 무언가를 잃고 마는 것이라는 점을 너무도 잘 알고 있습니다.

이런 관점은 인간의 자연 정복을 새로운 측면에서 보게끔 합니다. 우리는 사물을 **정복하기 위해서** 그것을 단순한 자연으로 축소하고 있는 것입니다. 우리는 늘 자연을 정복하고 있다고 말할 수 있는데, 왜냐하면 '자연'은 이미 어느 정도 정복된 것들을 일컫는

....
62) 1552–1599. 영국의 서사시인, 《요정 여왕 *The Faerie Queene*》의 저자.
63) 초기 해부학 연구자들의 별칭.

이름이기 때문입니다. 이 정복의 대가는 사물을 단순한 자연으로 취급하는 것입니다. 자연에 대한 정복이 이루어질수록 자연의 지배 영역은 그만큼 더 넓어집니다. 별은 우리가 그 무게와 크기를 재고 측량하기 전까지는 자연이 아닙니다. 영혼은 우리가 그것을 심리분석하기 전까지는 자연이 아닙니다. 이렇듯 자연**으로부터** 힘을 짜낸다는 것은 사물을 자연**에게** 넘긴다는 것을 의미합니다. 이러한 과정이 최종 단계에 이르지 않은 한, 얻는 것이 잃는 것을 능가한다고 말할 수도 있습니다. 그러나 인간 종마저 단순한 자연의 수준으로 축소되는 그 최종 단계에 이르는 순간은 지금까지의 전 과정이 무효화되는 순간입니다. 왜냐하면 그때는 유익을 얻는 존재와 희생을 당하는 존재가 동일해지기 때문입니다. 이것은 어떤 원리를 그 논리적 결론으로 보이는 극단까지 밀고 갔을 때 어처구니없는 일이 벌어질 수 있는 경우 중 하나입니다. 어떤 난로가 연료비를 반으로 줄여 준다는 것을 발견하고선, 같은 종류의 난로를 두 대 설치하면 연료비 한 푼 들이지 않고도 집을 난방할 수 있을 것이라고 생각했다는 어느 유명한 아일랜드인의 이야기와 같습니다. 이는 마술사의 거래입니다. 우리의 영혼을 팔면 그 대가로 우리에게 힘을 주겠다는 거래입니다. 그러나 일단 영혼, 즉 자신을 포기해 버리고 나면 그렇게 해서 얻어진 힘은 우리에게 속한 힘이 아닙니다. 우리는 영혼을 줘 버린 그것의 노예와 꼭두각시가 될 뿐입니다.

인간에게는 자신을 단순한 '자연 대상'으로서 취급하고 자신의 가치 판단을 임의대로 변경 가능한 과학적 조작의 원료로 취급할 수 있는 힘이 있습니다. 그가 그렇게 하는 것을 반대하는 이유가, 그런 관점이 (해부실에 처음 와 보았을 때처럼) 익숙해지기 전까지 고통과 충격을 준다는 데에 있지 않습니다. 그 고통과 충격은 기껏해야 어떤 경고이자 징후일 뿐입니다. 반대하는 진짜 이유는, 만일 인간이 자신을 그렇게 원료로 취급하기로 선택한다면 그는 결국 진짜 원료가 되어 버린다는 사실에 있습니다. 인간이 낙관적으로 상상하는 것처럼 그 자신에 의해서 그렇게 되는 것이 아니라, 그의 비인간화된 조작자들을 대신해서 그를 지배하는 그의 욕망, 즉 단순한 자연에 의해서 조작되는 원료 말입니다.

리어 왕처럼 우리는 두 가지를 동시에 가지려 하고 있습니다. 인간으로서의 특권을 버리면서도 동시에 그것을 계속 가지고 싶어 합니다. 그러나 이는 불가능합니다. 우리는 '도'의 절대적 가치들에 순종할 의무가 있는 이성적인 영혼이거나, 아니면 '자연적' 충동 외에는 다른 동기가 없는 주인이 자신의 즐거움을 위해 새로운 모양으로 만들어 내는 단순한 자연에 불과하거나 둘 중 하나입니다. 지배자들과 피지배자들의 행위 모두를 지배할 수 있는 공통된 법을 제공해 줄 수 있는 것은 오직 '도' 뿐입니다. 폭압적이지 않은 통치, 노예적이지 않은 순종이 가능하기 위해선 반드시 객관적 가치에 대한 교조적 신념이 있어야 합니다.

지금 저는 오로지 우리의 공공의 적들[파시스트]에 대해서만 생각하거나 혹은 주로 그들에 대해서만 생각하는 것도 아닙니다. 그러한 과정은 제어되지 않는다면 인간 자체를 폐지시킬 것이고, 파시스트들 못지않게 공산주의자들이나 민주주의자들 사이에서도 **빠른** 속도로 진행될 것입니다. 그 방법은 (처음에는) 잔인성의 정도에 따라 다를 것입니다. 그러나 많은 이류 과학자들, 많은 대중 극작가들, 많은 아마추어 철학자들은 결국 독일의 나치 통치자들과 다를 바가 없습니다. 전통적 가치들은 '허튼 소리'로 치부될 것이며, 인류는 방법을 깨우친 어떤 운 좋은 세대의 몇몇 운 좋은 사람들의 (가설 상으로 볼 때 독단적일 수밖에 없는) 뜻에 따라 전혀 새로운 모습으로 만들어질 것입니다.

인간이 내키는 대로 '이데올로기들'을 창안할 수 있다고 믿고 그에 따라 인류를 단순한 재료ΰλη, 표본, 조제품으로 취급하는 현실은 언어 자체에도 영향을 주기 시작했습니다. 전에는 나쁜 사람들을 죽인다고 표현했지만, 이제는 비사회적인 요소들을 정리한다liquidate는 표현을 사용합니다. 덕을 (인격적) **통합성**integration이라 부르고, 근면성을 **역동성**dynamism이라고 부르며, 장교가 될 자질이 있는 소년에게는 **잠재적 장교감**potential officer material이라고 말합니다. 가장 놀라운 예로 절약과 절제, 정상적 지성 같은 덕목이 이제는 **구매 저항성**sales-resistance이라는 말로 불립니다.

인간이라는 추상명사의 사용이 현재 진행 중인 일의 중대성을 눈치 채지 못하게 만들어 왔습니다. 인간이라는 단어가 반드시 추상적 개념은 아닙니다. '도' 안에서는 구체적인 실재를 발견하는 데 그 실재는 우리가 참여하는 만큼 우리를 참된 인간이 되게 하는, 인류의 공통된 뜻과 이성을 말하는 것이며, 나무처럼 살아서 자라나며 상황이 변하면 더욱 아름답고 권위 있는 적용을 향해 늘 새롭게 가지를 뻗어나갑니다. '도'를 받아들이는 사람으로서는, 인간은 각자가 자기 통제력을 가지는 것처럼 인간 자신을 다스리는 힘을 가진다고도 말할 수 있습니다. 그러나 우리가 '도' 바깥으로 나와서 '도'를 단순히 주관적 생산품으로 간주하기 시작한다면, 그 순간 그러한 가능성은 사라져 버립니다. 모든 인간에게 공통된 것은 단순히 추상적 보편적 개념인 H.C.F[64]일 뿐이고, 인간의 자기 정복이란 조작자들이 조건화된 재료로서의 인간을 지배한다는 의미일 뿐입니다. 지금 모든 나라들의 거의 모든 사람들은—어떤 이들은 의도적으로 또 어떤 이들은 의식하지 못한 채—바로 그런 인간 이후post-humanity의 세상을 만들어 내려고 애쓰고 있습니다.

제가 무슨 말을 한들, 이 강의가 과학에 대해 공격하는 것이라고 여기는 사람들의 생각을 막을 수는 없을 것입니다. 물론 저는 그런 비난에 수긍할 수 없습니다. 진정한 자연 철학자들Natural

---

64) Highest Common Factor; 최대공약수.

Philosophers이라면 (오늘날도 몇 분 생존해 계시는데) 가치를 수호하고자 하는 저의 노력이 가치 중에서도 특히 *inter alia* 지식의 가치를 수호하려는 노력임을 알아볼 것입니다. 다른 모든 것이 그러하듯 지식의 가치 역시, '도'라는 뿌리를 잘리게 되면 결국 죽을 수밖에 없습니다. 그러나 저는 이보다 한 차원 더 나아가 말할 수도 있습니다. 현 상황에 대한 치유책 역시 과학으로부터 나올 수 있다고 봅니다. 인간이 힘을 얻기 위해 모든 대상뿐 아니라 마침내는 자기 자신까지 자연에 넘겨 주는 과정을 '마법사의 거래'라고 했습니다. 물론 진심으로 한 말입니다. 마법사들은 실패한 반면 과학자들은 성공했다는 사실로 인해 일반 대중은 그 차이점을 너무 크게 생각하고, 그로 인해 과학의 실제 탄생사가 현재 오해받고 있습니다.

16세기에 대해 글을 쓰는 사람들이 마법을 중세의 잔재인 것처럼 그리고 과학은 그것을 일소하기 위해 나타난 새로운 것인 양 말하는 경우를 종종 볼 수 있습니다. 그러나 그 시기를 연구해 본 사람들은 그렇지 않다는 것을 압니다. 중세 시대에는 마법이 거의 없었습니다. 16세기와 17세기야말로 마법이 최고 절정에 이른 시기였습니다. 진지한 마법적 노력과 진지한 과학적 노력은 쌍둥이입니다. 전자는 병약해서 죽었고 후자는 강해서 번성했습니다만 그들은 쌍둥이입니다. 그 둘은 동일한 충동에서 태어났습니다. 물론 초기 과학자들 중에는 (분명 전부는 아닙니다) 지식에 대한 순수한 사랑으로 연구한 사람도 있음을 인정합니다. 그러나 그 시대의 전체적인 분위기를 생각해 본다면, 제가 말하는 그 충동이 무엇을 의미하는지 분별할 수 있습니다.

마법과 응용과학을 함께 묶어 주며, 그 둘을 이전 시대의 '지혜'와 구별해 주는 무언가가 있습니다. 과거 현인들의 중심 과제는 어떻게 영혼을 실재에 순응시키느냐는 것이었고, 그 해결책으로 제시된 예가 바로 지식, 자기 훈련, 덕 같은 것이었습니다. 그러나 마법과 응용과학의 중심 과제는 어떻게 실재를 사람들의 욕망에 굴복시키느냐는 것이고 그 해결책은 바로 기술입니다. 이러한 기술을 실행하면서 마법이나 응용과학은 모두, 그 전까지 사람들이 꺼려하고 불경한 것으로 여겨 왔던 일—시신을 파내어 사지를 절단하는 일 등—을 서슴없이 행합니다.

새로운 시대의 중심 나팔수였다고 할 수 있는 베이컨Francis Bacon[65]과 말로Christopher Marlowe[66]의 파우스트를 비교해 보면, 그 둘이 놀랍도록 유사하다는 사실을 발견할 것입니다. 어떤 비평가들은 파우스트가 지식에 대한 목마름을 가졌다고 말하곤 합니다. 그러나 사실 파우스트는 그런 것에 대해서는 거의 언급하지 않습니다. 그가 악마에게 구했던 것은 진리가 아니라 금과 총과

---

65) 1561–1626. 영국의 근대 자연철학자.
66) 1564–1593. 영국의 시인·극작가.

여자들이었습니다. "[북극과 남극] 그 고요한 극단 사이에 움직이는 모든 것을 마음대로 쓸 수 있을 것이다", "능력 있는 마법사는 강력한 신이다."[67] 동일한 정신에 입각해 베이컨 역시 지식 자체를 목적으로 추구하는 이들을 비판합니다. 그런 일은 자식을 낳아 주는 배우자를 쾌락을 위한 정부情婦로 이용하는 것과 같다고 말합니다.[68] 인간의 힘이 모든 일을 가능하게 해내도록 확장시키는 것이 참 목적입니다. 그가 마법을 거부하는 이유는 마법에 효과가 없기 때문일 뿐[69], 그의 목적은 마법사의 그것과 동일합니다.

파라켈수스Paracelsus[70]의 경우는 마법사의 성격과 과학자의 성격이 결합되어 있습니다. 물론 참으로 현대 과학의 기초를 다진 이들은 대개가 힘에 대한 사랑보다는 진리에 대한 사랑이 컸던 사람들이었습니다. 좋은 요소들과 나쁜 요소들이 혼합되어 있는 모든 운동에서 효능은 나쁜 요소들이 아니라 좋은 요소들로부터 오는 법입니다. 그러나 나쁜 요소들의 존재는 그러한 효능이 장차 취하게 될 방향과 무관하지 않습니다. 현대 과학 운동은 출생시부터 오염되어 있었다고 하면 너무 지나친 말이 되겠습니다만 그 운동은 건강하지 못한 이웃 가운데서, 또 불운한 시간에 태어났다고

....

67) 《파우스투스 박사Dr. Faustus》. 77-90쪽.*
68) 《학문의 진보Advancement of Learning》, BK. I (p. 60 in Ellis and Spedding, 1905; p. 35 in Everyman Edn.)*
69) 《미로의 실 Filum Labyrinthi》, I.*
70) 1493-1541. 독일 태생 스위스 의학자 · 천문학자 · 연금술사.

는 볼 수 있습니다. 그 운동은 너무 빨리 승리를 거두었고 또 너무 큰 대가를 치렀습니다. 이제는 근본적인 재고, 일종의 회개가 요구되는 시점에 이르렀습니다.

새로운 자연 철학의 출현, 즉 분석과 추상에 의해 생산되는 '자연적 대상'은 실재가 아니라 다만 하나의 관점에 불과하다는 사실을 망각하지 않고, 늘 자신의 추상적 개념을 수정하는 그런 과학의 출현을 상상해 볼 수는 없을까요? 사실 지금 저는 잘 알지 못하는 것을 요청하는 것입니다. 그러나 요즘 자연에 대한 괴테의 접근법을 더 깊이 고려해야 한다는 소리를 종종 듣습니다. 심지어 슈타이너Rudolf Steiner[71] 박사도 정통 과학자들이 놓쳐 버린 무언가를 갈파했다고 말하는 소리도 있습니다. 제가 상상하는 그 새로운 과학은 광물과 식물에 대해서도 현대 과학이 인간에게 가하는 그런 위협적인 일을 행하지 않을 것입니다. 설명을 하되 해치워 버리지는explain away 않을 것입니다. 부분들에 대해 말할 때도 전체를 기억할 것입니다. 새로운 **그것**It에 대해 연구하는 동안에도 마르틴 부버Martin Buber[72]가 말하는 **너** 관계Thou-situation를

----

71) 1861~1925. 오스트리아의 철학자, 인지학anthroposophy의 창시자.
72) 1873~1965. 유대인 철학자, 《나와 너 *Ich und Du*》의 저자. '나와 너' 관계의 근본은 인간과 신의 관계인데, 이는 언제나 '나-너' 관계인 반면 인간 간의 관계는 종종 상대를 사고나 행동의 대상으로만 여기는 '나-그것'의 관계가 되기도 한다. 부버는 또 인간과 피조물의 관계가 때로 '나-너' 관계 속으로 들어갈 수 있다고 했다.

잃어버리지 않을 것입니다. 그것은 인간의 '도'와 동물 사이의 본능 유사성에 주의하되 양심을 본능의 범주로 축소시키는 것이 아니라, 양심이라는 속 깊이 알려진 실재에 대한 지식을 통해 미지의 것인 본능Instinct을 새롭게 바라보려고 할 것입니다. 그 새로운 과학의 추종자들은 **다만**이나 **불과하다**라는 말을 마구잡이로 사용하지 않을 것입니다. 다시 말해, 새로운 과학은 자연을 정복하되 자연에 의해 정복당하지는 않을 것이며 지식을 얻기 위해 생명을 대가로 치르는 일은 하지 않을 것입니다.

어쩌면 저는 불가능한 것을 요청하고 있는지도 모릅니다. 어쩌면 분석적인 이해는 괴물 바실리스크basilisk[73]처럼 본질상 자기가 보는 것을 죽일 수밖에 없는, 죽여야만 볼 수 있는 그런 것인지도 모릅니다. 그러나 만일 과학자 자신이 이런 과정을 저지하지 못한다면, 즉 그 과정이 인류의 공통 이성까지 손을 대어 죽여 버리는 일을 막지 않는다면, 누군가 다른 사람이라도 나서서 저지하는 수밖에 없습니다.

제가 가장 두려워하는 것은, 저 역시 '또 한 사람의' 몽매주의자일 뿐이라는 반응, 과학의 진보에 대항해 세워진 이 장벽 역시 과거의 다른 장벽들처럼 쉽게 통과할 수 있으리라는 식의 반응입니다. 그러한 반응은 현대적인 상상력의 특징인 그 치명적인 연속

---

73) 입김과 시선으로 사람을 죽인다는, 그리스 로마 전설의 작은 뱀.

주의—현대인의 정신을 지배하는, 진보에 대한 무한한 단선적 이미지—로부터 생겨납니다. 인간은 숫자를 자주 사용하다 보니 과정이라는 것을 모두 수의 연속과 같은 것으로, 즉 모든 걸음 걸음이 그 앞의 걸음과 동일한 종류이며 그런 식으로 영원히 계속되는 어떤 것으로서 상상하는 경향이 있습니다. 그러나 두 개의 난로를 설치했다는 그 아일랜드인 이야기를 기억해 주시길 바랍니다. 진보 과정 중에는 그 마지막 걸음은 전혀 다른 종류*sui generis*의—이전 걸음과 비교조차 될 수 없는—걸음으로, 끝까지 걸으면 결국 지금까지 걸어온 노력 전체가 무효화되는 길도 있습니다. '도'를 단순한 자연 생산물로 축소하는 것이 바로 그런 종류의 마지막 걸음입니다. 그 지점에 도달하기 전까지는 사물들을 설명해 치워 버리는 그런 종류의 설명은, 비록 큰 대가가 치러지긴 하지만 우리에게 무언가 유익을 줄 수도 있습니다. 그러나 '설명해 치워 버리는' 일이 영원히 계속될 수는 없습니다. 그렇게 하는 것은 결국 설명 자체를 설명해 치워 버리는 일이 됩니다.

여러분은 사물을 '꿰뚫어보는' 일을 영원히 계속할 수는 없습니다. 무언가를 꿰뚫어보는 목적은 그것을 통해 무언가를 보고자 하기 때문입니다. 투명한 창문이 좋은 이유는 그 너머에 있는 거리나 정원이 불투명한 사물이기 때문입니다. 그런데 만일 그 정원조차 꿰뚫어본다면 어떻게 되겠습니까? 제일 원리를 '꿰뚫어보려고' 애쓰는 것은 소용없는 일입니다. 모든 것을 꿰뚫어 본다는 말은 모든 것이 다 투명하다는 말입니다. 그러나 전체가 투명한 세상은 결국 보이지 않는 세상입니다. 그래서 모든 것을 '꿰뚫어본다'는 것은 결국 아무것도 전혀 보지 못한다는 말과 같습니다.

4

부록 도의 실례

'도'의 실례

이 부록에 실린 도덕률(자연법)Natural Law에 대한 실례는 전문 역사학자가 아니더라도 쉽게 접할 수 있는 출처에서 수집한 것입니다. 이 목록은 결코 완전하지 않습니다. 보면 아시겠지만, 로크나 후커Hooker 같이 기독교 전통 안에서 글을 썼던 이들의 글도 신약성경과 나란히 인용했습니다. 물론 제가 '도'에 대한 독립적 증언들을 수집해서 제시하려 의도했다면 앞뒤가 맞지 않는 일일 것입니다.

그러나 (1) 지금 저는 의견일치를 근거로 '도'의 타당성을 **증명**하려는 것이 아닙니다. '도'의 타당성은 본질상 추론될 수 없습니다. '도'의 합리성을 인식하지 못하는 이들에게는 보편적인 의견일치로도 이를 증명하지 못합니다. (2) **독립적인** 증언을 모아 제시하겠다는 생각은 세계의 여러 '문명들'이 서로 독립적으로 생겨났다는 것, 혹은 이 행성에서 인류가 독립적인 출현들을 해 왔음을 전제로 삼은 것입니다. 그러나 이런 가정假定과 관련된 생물학과 인류학은 심히 의심스럽습니다. 역사 전체를 통틀어 보아도 한 개 이상의 문명이 존재했다는 것은 결코 확실하지 않습니다. 그러나 우리가 아는 모든 문명이 어떤 다른 문명에서, 결국 어떤 단일한 중심으로부터 유래해 왔다는—전염병이나 사도직 계승Apostolical succession처럼 '전해져 왔다'는—것은 적어도 가능한 주장입니다.

일반적 선의에 관한 법

1. 소극적

나는 사람을 살해한 일이 없다. (고대 이집트. 의로운 영혼의 고백the Confession of the Righteous Soul, '사자死者의 서Book of the Dead' v. 《종교와 윤리 백과사전 Encyclopedia of Religion and Ethics》[이하 줄여서 ERE로 표기], vol. v, p. 478.)

살인하지 말지니라. (고대 유대교. 출애굽기 20장 13절)

사람들을 위협하지 말라. 그렇지 않으면 신이 너를 위협하실 것이다. (고대 이집트. 프타헤텝의 가르침 Precepts of Ptahhetep. H. R. Hall, 《고대 근동사 Ancient History of Near East》, p. 133 n.)

지옥에서 나는 ······ 살인자들을 보았다. (고대 북구. 《볼로스파 Volospå》 38, 39.)

나는 내 동료들을 불행에 빠뜨리지 않았다. 나는 나를 위해 일하는 사람이 매일을 힘들게 시작하도록 만들지 않았다. (고대 이집트. 의로운 영혼의 고백, ERE v. 478.)

나는 움켜쥐려고 하지 않았다. (고대 이집트. 위 본문.)

사람을 압제하려는 생각에 골몰하는 사람의 집은 결국 무너진다. (바빌로니아. 《사마스 찬가 Hymn to Samas》, ERE v. 455.)

남을 잔인하게 대하고 중상하는 이는 고양이 성질을 가진 사람이다. (힌두교. 마누의 법Laws of Manu. 자네트Janet, 《정치학사 Histoire de la Science Politique》, vol. i, p. 6.)

남에게 중상모략하지 말라. (바빌로니아. 《사마스 찬가》, ERE v. 455.)

네 이웃에 대하여 거짓 증거하지 말지니라. (고대 유대교. 출 애굽기 20장 16절)

사람에게 상처 주는 말은 한 마디도 입 밖에 내지 말라. (힌 두교. 자네트, p. 7.)

그가……어떤 정직한 사람을 가족으로부터 떼어낸 일이 있 는가? 끈끈히 뭉쳐 있는 일족을 깨뜨려 버린 일이 있는가? (바빌로니아. 마법 서판에 나오는 죄 목록List of Sins from incantation tablets. ERE v. 466.)

나는 누구를 굶긴 적이 없다. 난 누구를 울린 적이 없다. (고대 이집트. ERE v. 478.)

네가 당하고 싶지 않은 일은 결코 남에게 행하지 말라. (고 대 중국.《논어 Analects of Confucius》, A. 웨일리 역, 23; cf. xii. 2)

너는 네 형제를 마음으로 미워하지 말며. (고대 유대교. 레위 기 19장 17절)

마음이 조금이라도 선을 향해 있는 사람이라면 누구에 대해 서도 싫어하는 마음을 품지 않을 것이다. (고대 중국.《논어》, iv. 4)

2. 적극적

사람이 인간 사회가 존재하기를 바라고 거기에 들어가고 싶어 하는 것은 자연의 법이다[자연스러운 것이다]. (로마. 키케로Cicero, 《도덕적 의무에 관하여 De Officiis》, I. iv)

자연의 근본법에 의하면 인간은 가능한 한 보호되어야 한다. (로크, 《통치론 Treatises of Civil Govt》. ii. 3.)

사람의 수가 늘어나면 그 다음엔 그들을 위해 무엇을 해야 합니까? 그러자 스승이 대답하셨다. 부하게 만들어라. 장주Jan Ch'ju가 물었다. 그들을 부하게 만든 다음에는 무슨 일을 해야 합니까? 그러자 스승이 대답하셨다. 가르쳐라. (고대 중국. 《논어》, xiii. 9.)

친절하게 말하라……선의를 보여라. (바빌로니아. 《사마스 찬가》, ERE v. 455.)

인간은 서로 선을 베풀며 살라고 존재한다. (로마. 키케로, 《의무론》, I. vii.)

인간은 인간의 즐거움이다. (고대 북구. 《하바말 Hávamál》 47.)

자선을 요청 받은 사람은 언제나 베풀어야 한다. (힌두교. 자네트, i. 7.)

선인이 어떻게 남의 불행에 무관심할 수 있느냐? (로마. 유베날리스Juvenal, xv. 140.)

저 역시 사람입니다. 사람다운 것이 어떤 것인지 모르지 않습니다. (로마. 테런스Terence, 《자기 학대자 Heaut. Tim》)

이웃 사랑하기를 네 몸과 같이 하라. (고대 유대교. 레위기 19
장 18절)

타국인을 자기같이 사랑하라. (고대 유대교. 위 본문. 33, 34
절)

무엇이든지 남에게 대접을 받고자 하는 대로 너희도 남을
대접하라. (기독교. 마태복음 7장 12절)

특별한 선의에 관한 법

군자는 근본에 대해 일한다. 그것이 굳게 세워지고 나면
'도가 자란다. 그리고 분명 부모와 손위 형제들에 대한 합
당한 행실이야말로 선의 근본이다. (고대 중국.《논어》, i. 2.)

형제들은 싸우고 서로에게 독이 될 것이다. (고대 북구. 세상
종말 전의 악한 시대 이야기 Account of the Evil Age before the World's end,
《볼로스파》 45.)

그가 자기 누나를 모욕했는가? (바빌로니아. 죄 목록. ERE v.
446.)

당신은 그들이 자기 혈족과 친구들의 자녀들을 돌보며……
그들을 조금도 비난하지 않는 모습을 볼 것이다. (아메리카
인디언. 젊은이들 Le Jeune, ERE v. 437.)

아내를 열심히 사랑하라. 평생 그녀의 마음을 즐겁게 해 주
어라. (고대 이집트. ERE v. 481.)

생각이 바른 사람은 친족의 요구를 외면할 수 없다. (앵글로 색슨. 《베어울프 *Beowulf*》, 2600.)

소크라테스도 제 자녀들을 사랑하지 않았느냐? 물론 그는 자유인으로서 그렇게 했으며, 우리는 누구보다도 먼저 신들과 우정을 맺어야 한다는 사실을 잊지 않았지만 말이다. (그리스. 에픽테토스 Epictetus, iii. 24.)

자연적 애정은 올바르고 자연에 부합하는 일이다. (그리스. 위 본문. I. xi.)

나는 조상彫像처럼 무감각해서는 안 되며 예배자, 아들, 형제, 아버지, 시민으로서 나의 자연적·인위적 관계의 의무들을 이행해야 한다. (그리스. 위 본문. III. ii.)

내가 그대에게 주는 첫 번째 충고는 이것이다. 친족에게 비난받을 만한 일을 하지 말라. 또한 그들이 그대에게 잘못한다 해도 보복하지 말라. (고대 북구. 《지그드리푸말 *Sigrdrifumál*》, 22.)

오직 아트레우스 Atreus의 아들들만이 자신의 아내들을 사랑한단 말인가? 올바른 정신의 선인들은 다 자기 아내를 사랑하고 아끼는 법이다. (그리스. 호메로스, 《일리아스》, ix. 340.)

사람 사이의 연합과 친교는 각자가 가까운 사람들에게 더 많은 친절을 베풀 때 가장 잘 보존될 수 있다. (로마. 키케로, 《도덕적 의무에 관하여》. i. xvi.)

우리 각자의 일부는 조국의 것이며, 일부는 부모님의 것이며, 일부는 친구들의 것이다. (로마. 위의 책, I. vii.)

만일 어떤 통치자가 나라 전체를 구원해낸다면, 스승님은 분명 그를 선인이라고 여기시겠습니까? 스승이 말씀하셨다. 이는 더 이상 '선'의 문제가 아니다. 그는 신적인 현자임이 분명하다. (고대 중국. 《논어》, vi. 28.)

신들과 선인들은, 여러분이 어머니나 아버지나 조상보다도 여러분의 조국에 더 깊은 존경과 예배와 경의를 바쳐야 한다고 여긴다는 것을 몰랐단 말입니까? 아버지의 분노보다도 조국의 분노에 대해 더 유순하게 응답해야 한다고 여긴다는 것을? 조국으로 하여금 마음을 바꾸도록 설득할 수 없다면, 여러분은 잠자코 조국에 순종해야 합니다. 조국이 당신을 속박하든 때리든 혹은 다치거나 죽을 수도 있는 전쟁터로 당신을 보낸다 할지라도 말입니다. (그리스. 플라톤, 《크리토 *Crito*》, 51 A. B.)

누구든지 자기 친족 특히 자기 가족을 돌아보지 아니하면 믿음을 배반한 자요. (기독교. 디모데전서 5장 8절)

너는 저희로 하여금 정사와 권세 잡은 자들에게 복종하며 순종하며……임금들과 높은 지위에 있는 모든 사람을 위하여 기도하라. (기독교. 디도서 3장 1절 ; 디모데전서 2장 1~2절)

부모 · 연장자 · 조상에 대한 의무

당신의 아버지는 창조의 주님 형상이시고, 당신의 어머니는 대지의 형상이시다. 그들을 공경하지 않는 사람의 모든 경건한 행위는 다 헛것이다. 이것이 첫째가는 의무이다. (힌두교. 자네트, i. 9.)

그가 아버지와 어머니를 멸시했느냐? (바빌로니아. 죄 목록.
ERE v. 446.)

나는 내 아버지 옆에 있는 지팡이다…… 나는 그분의 명령
에 따라 들어오고 나간다. (고대 이집트. 의로운 영혼의 고백.
ERE v. 481.)

네 부모를 공경하라. (고대 유대교. 출애굽기 20장 12절)

부모를 보살펴라. (그리스. 에픽테토스의 의무 목록List of duties in
Epictetus, III. vii.)

아이, 노인, 가난한 이, 병자 등은 공공사회의 주님으로 여
겨야 한다. (힌두교. 자네트, i. 8.)

너는 센 머리 앞에 일어서고 노인의 얼굴을 공경하라. (고대
유대교. 레위기 19장 32절)

나는 노인을 돌보았고 그에게 내 지팡이를 주었다. (고대 이
집트. ERE v. 481.)

너는 그들이 노인들을 돌보는 모습을 볼 것이다. (아메리카
인디언. 젊은이들. ERE v. 437.)

나는 돌아가신 복된 분들에게 바쳐진 봉헌물을 취하지 않았
다. (고대 이집트. 의로운 영혼의 고백. ERE v. 478.)

죽어 가는 이들에 대해 임종시에 합당한 존경심을 보이고
그들이 떠난 뒤에도 계속 그렇게 할 때, 백성의 도덕적 힘
은 최고 경지에 이른 것이다. (고대 중국. 《논어》, i. 9.)

자녀와 후손에 대한 의무

아이, 노인, 가난한 이, 병자 등은 공공사회의 주님으로 여겨야 한다. (힌두교. 자네트, i. 8.)

결혼하고 또 자녀를 낳아라. (그리스. 에픽테토스의 의무 목록, III. vii.)

당신은 에피쿠로스 학파가 말하는 국가를 상상할 수 있는가?……무슨 일이 일어날까? 시민들은 어떻게 관리할 것인가? 누가 그들을 교육시킬 것인가? 누가 청소년을 지도할 것인가? 누가 신체훈련을 지도할 것인가? 무엇을 가르칠 것인가? (그리스. 위 본문.)

자연은 자손에 대한 특별한 사랑을 낳는다. 자연에 따라 사는 것이 최고의 선이다. (로마. 키케로, 《도덕적 의무에 관하여》. I. iv, ; 《법률에 관하여 De Legibus》, I. xxi.)

이 업적들 중 두 번째 것은 첫 번째 것보다 결코 영광이 덜하지 않다. 왜냐하면 첫 번째는 한 번 선을 행한 것인 반면, 둘째 것은 지속적으로 영원히 국가를 이롭게 하기 때문이다. (로마. 키케로, 《도덕적 의무에 관하여》. I. xxii.)

아이들에게 지극히 정중한 태도로 대해야 마땅하다. (로마. 유베날리스, xiv. 47.)

스승이 말씀하셨다. 젊은이들을 존중하라. (고대 중국. 《논어》, ix. 22.)

여자들을 죽이는 것, 특히 부족의 미래 힘인 어린 소년 소녀들을 죽이는 것은 가장 슬픈 일이다……우리는 이를 몹

시 가슴 아프게 여긴다. (아메리카 인디언. 상처 입은 무릎의 전쟁 이야기 Account of the Battle of Wounded Knee. ERE v. 432.)

정의에 관한 법

1. 성에 관한 정의

그가 이웃의 아내에게 접근했는가? (바빌로니아. 죄 목록. ERE v. 446.)

간음하지 말지니라. (고대 유대교. 출애굽기 20장 14절)

지옥에서 나는⋯⋯다른 사람들의 아내를 속여 빼앗은 이들을 보았다. (고대 북구.《볼로스파》38, 39.)

2. 정직

그가 경계를 잘못 그었는가? (바빌로니아. 죄 목록. ERE v. 446.)

부당하게 대하는 일, 강탈하는 일, 강탈당하게끔 만드는 일. (바빌로니아. 위 본문.)

나는 훔치지 않았다. (고대 이집트. 의로운 영혼의 고백. ERE v. 478.)

도적질하지 말지니라. (고대 유대교. 출애굽기 20장 15절)

수치스런 이득을 보기보다는 손해 보기를 택하라. (그리스.

킬론Chilon Fr. 10. Diels.)

정의란 각 사람에게 제 몫을 내어 주려고 하는 확고하고 항구적인 의지이다. (로마. 유스티니아누스Justinian, 《법전Institutions》, I. i.)

만일 어느 원주민이 어떤 것(가령, 벌꿀 나무)을 '발견'하고서 거기에 표시를 해 두었다면 그때부터 그것은 부족 내에서 확실한 그의 소유이다. 그가 아무리 오랫동안 그것을 방치해 둔다 하더라도. (오스트레일리아 원주민. ERE v. 441.)

정의의 첫째 의미는 다른 사람의 악행으로 인해 공격을 당하지 않은 한 누구도 다른 사람에게 해를 끼치지 말아야 한다는 것이다. 둘째 의미는 공공 재산은 공공 재산으로 대하고, 사유 재산은 사유 재산으로 대해야 한다는 것이다. 자연적으로 사유 재산이라는 것은 없지만, 사물들은 선점이나 (가령, 나이 든 사람들이 그 전에 아무도 살지 않던 지역에 들어와 사는 경우), 혹은 정복이나 법, 계약, 약정, 제비뽑기 등에 의해 사적인 것이 된다. (로마. 키케로, 《도덕적 의무에 관하여》. I. vill.)

3. 법정에서의 정의

신은 뇌물을 받지 않는 사람을 기쁘게 여기신다. (바빌로니아. ERE v. 445.)

나는 노예의 허물을 감독자에게 이야기한 적이 없다. (고대 이집트. 의로운 영혼의 고백. ERE v. 478.)

네 이웃에 대하여 거짓 증거하지 말지니라. (고대 유대교. 출애굽기 20장 16절)

가장 친한 사람도 전혀 안면이 없는 사람처럼 대하라. (고대 이집트. ERE V. 482.)

너희는 재판할 때에 불의를 행치 말며 가난한 자의 편을 들지 말라. (고대 유대교. 레위기 19장 15절)

신뢰와 진실에 관한 법

거짓말은 제사를 무효화하고 사기 행각은 자선 행위를 무효화한다. (힌두교. 자네트, i. 6.)

거짓말로 가득한 입은 당신 앞에서는 아무 소용이 없습니다. 당신은 그들의 말을 불태우십니다. (바빌로니아. 《사마스 찬가》. ERE v. 445.)

그의 입은 '예'로 가득하나 그의 마음은 '아니오'로 가득하다. (바빌로니아. ERE v. 446.)

나는 거짓말을 하지 않았다. (고대 이집트. 의로운 영혼의 고백. ERE v. 478.)

나는 속임수를 부리지 않았고 거짓 맹세도 하지 않았다. (앵글로색슨. 《베어울프》, 2738.)

스승이 말씀하셨다. 성실함을 확고히 지켜라. (고대 중국. 《논어》, viii. 13.)

지옥에서 나는 위증자들을 보았다. (고대 북구. 《볼로스파》 39.)

입으로 어떤 것을 말하면서 마음속으로는 다른 것을 숨기고 있는 사람을 나는 지옥문처럼 혐오한다. (그리스. 호메로스, 《일리아스》 ix. 312.)

정의의 기초는 성실성이다. (로마. 키케로, 《도덕적 의무에 관하여》 I. vii.)

[군자는] 윗사람들에게 신실하고 약속을 지킬 줄 알아야 한다. (고대 중국. 《논어》 I. 8.)

배신보다 더 나쁜 것은 없다. (고대 북구. 《하바말》 124.)

자비에 관한 법

가난한 자와 병자는 공공사회의 주님으로 여겨야 한다. (힌두교. 자네트, i. 8.)

신은 약자들을 대신하여 간청하는 이들을 기쁘게 여기신다. (바빌로니아. ERE v. 445.)

그는 옥에 갇힌 이들을 풀어 주지 않았느냐? (바빌로니아. 죄 목록. ERE v. 446.)

나는 배고픈 이들에게 빵을 주었고 목마른 이들에게 물을 주었고 헐벗은 이들에게 옷을 주었고 배를 갖지 못한 이들에게 나룻배를 주었다. (고대 이집트. ERE v. 478.)

여자를 때려서는 안 된다. 꽃으로도 때리지 말라. (힌두교. 자네트, I. 8.)

토르Thor 신이여, 당신이 여자들을 때리는 것은 수치스런 일입니다. (고대 북구. 《하르바르트슬리오트 *Hárbarthsljóth*》 38.)

달레부라Dalebura 부족 사람들은 불구자로 태어난 어떤 여인이 66세로 죽을 때까지 교대로 업고 다녔다……그들은 결코 병든 자를 버리지 않는다. (오스트레일리아 원주민. ERE v. 443.)

당신은 그들이……과부와 고아와 노인들을 돌보며 조금도 비난하지 않는 모습을 볼 것이다. (아메리카 인디언. ERE v. 439.)

자연의 공언에 따르면 그녀는 우리에게 울 수 있는 능력을 줌으로써 우리에게 가장 부드러운 마음을 주었다. 이것이 사람에게 있는 가장 좋은 부분이다. (로마. 유베날리스, xv. 131.)

그들은 세상의 왕들 중에서 그가 가장 온유하고 친절한 왕이었다고 말했다. (앵글로색슨. 《베어울프》 중 영웅찬가, 3180.)

네가 밭에서 곡식을 벨 때에 그 한 뭇을 밭에 잊어버렸거든 다시 가서 취하지 말고 객과 고아와 과부를 위하여 버려 두며. (고대 유대교. 신명기 24장 19절)

도량(관대함)에 관한 법

1.

불의에는 두 종류가 있다. 첫째는 해를 가하는 사람에게서 찾을 수 있고, 둘째는 다른 사람이 해를 당하는 것을 막아

줄 힘이 있는데도 그렇게 하지 않는 사람에게서 찾을 수 있다. (로마. 키케로, 《도덕적 의무에 관하여》 I. vii.)

강압과 해를 당해 본 사람은 누구나 사람에게는 자신을 방어할 권리가 있다는 것을 안다. 즉, 사람은 자신의 소유를 추구할 수 있으나 그 일이 다른 사람들에게 해를 끼치게 되는 일이라면, 그들은 그 일을 그냥 당하고만 있어서는 안 되며, 모든 선한 수단을 동원해서 저항해야 한다는 것을 누구나 알고 있다. (영국. 후커 Hooker, 《교회정치법 Laws of Eccl. Polity》, 1. ix. 4.)

맹렬한 공격 앞에서 눈을 돌리는 것은 적의 심장을 튼튼하게 만들어 주는 것이다. 정신력은 장한 것이지만 비겁함은 비열한 것이다. (고대 이집트. 파라오 세뉴서트 3세 The Pharaoh Senusert III. cit. H. R. 홀, 《고대 근동사》, p. 161.)

그들은 기쁨의 들판과 행운의 숲 그 신선한 잔디밭과, 그 복된 분이 계시는 곳에 이르렀다……여기 선조들의 땅을 위해 싸우다 상처를 입은 이들의 무리가 있도다. (로마. 베르길리우스, 《아이네이스》 vi, 638-9, 660)

우리의 힘이 쇠해질수록 용기는 더 강해지고 심장은 더 굳세어지고 영혼은 더 단호해져야 한다. 여기 우리 주인께서 갈기갈기 찢긴 채 흙먼지 속에 누워 계시다. 이 전쟁터를 떠날 생각을 하는 이는 누구라도 영원히 울부짖게 될 것이다. (앵글로색슨. 《몰던 Maldon》, 312)

삶을 즐기며 죽음을 통탄하지 않는 사람을 칭찬하고 본받으라. (스토아 학파, 세네카 Seneca, 《루킬리우스에게 보내는 도덕에 관한 편지 Epistolae morales ad Lucilium》. liv.)

스승께서 말씀하셨다. 배우기를 좋아하라. 그리고 공격받을 경우 선한 대의를 위해 기꺼이 죽을 각오를 하라. (고대 중국.《논어》, viii. 13.)

2.

노예가 되고 비열한 일을 하느니 차라리 죽음을 택하라. (로마. 키케로,《도덕적 의무에 관하여》I. xxiii.)

수치스럽게 사느니 죽는 것이 더 낫다. (앵글로색슨.《베어울프》, 2890.)

자연과 이성은 우리에게 흉하고 나약하고 음란한 일을 하지도 말고 생각지도 말 것을 명령한다. (로마. 키케로,《도덕적 의무에 관하여》. I. iv.)

우리는 '인간은 그저 인간적인 생각을, 필멸의 존재는 그저 필멸의 생각을 하면 된다'라고 충고하는 이들의 말에 귀 기울여서는 안 되며, 최대한 불멸을 옷 입어야 하며 우리 안에 있는, 비록 크기는 작지만 힘과 명예에서 다른 모든 것을 능가하는 그 최선의 부분에 따라 살고자 모든 노력을 기울여야 한다. (고대 그리스. 아리스토텔레스,《니코마코스 윤리학》. 1177 B.)

이렇게 혼은 몸을 지도해야 하며 우리 정신의 영은 그 혼을 지도해야 한다. 이것이 정신의 최고 힘이 나머지 모든 것들에게 순종을 요구하는 제일 법칙이다. (영국. 후커,《교회정치법》, I. viii. 6.)

죽기를 바라거나 살기를 바라지 말고 다만 때를 기다려라. ……참기 어려운 말을 참고 들으며 육체의 쾌락을 완전히 삼가라. (고대 인도. 마누의 법Laws of Manu, ERE ii. 98.)

요동 없이 자신의 감각을 제어하는 사람을 헌신자라 부를
수 있다. 바람 없는 장소에서 타는 불꽃이 깜박이지 않듯이
헌신자도 그렇다. (고대 인도. 《바가바드기타 *Bhagavadgita*》. ERE
ii. 90.)

3.

지혜를 사랑하는 것은 죽음을 연습하는 것이 아니냐? (고대
그리스. 플라톤, 《파이돈 *Phaedo*》, 81 A.)

나는 내가 오딘Odin에게, 즉 나 자신에게 바쳐진 제물로서
창에 찔린 채 9일 동안 교수대에 매달려 있었음을 안다. (고
대 북구, 하바말 1. 10 in《북구시 모음집 *Corpus Poeticum Boreale*》; 힐
데브란트Hildebrand의 《옛 에다의 노래 *Lieder der Alteren Edda*》 139연.
1922.)

내가 진실로 진실로 너희에게 이르노니 만일 한 알의 밀이
땅에 떨어져 죽지 아니하면 한 알 그대로 있고, 만일 죽으
면 많은 열매를 맺느니라 자기의 생명을 사랑하는 자는 잃
어버릴 것이요. (기독교. 요한복음 12장 24-25절)

옮긴이 **이종태**

한국외국어대학교 영어과를 졸업하고 장신대 신학대학원에서 신학을 공부했다. 미국 버클리 GTU(Graduate Theological Union)에서 기독교 영성학으로 철학박사(Ph. D.) 학위를 받았다. 《순전한 기독교》, 《고통의 문제》, 《시편 사색》, 《네 가지 사랑》, 《인간 폐지》(이상 홍성사), 《다윗: 현실에 뿌리박은 영성》, 《가르침과 배움의 영성》(이상 IVP), 《메시지 예언서》(복있는 사람) 등 다수의 책을 번역했다.

● **박성일** 브리티시 컬럼비아 대학교를 졸업하고, 웨스트민스터 신학교에서 신학 석사(M. Div.)와 'C. S. 루이스의 신학'을 주제로 한 논문으로 조직신학 박사학위(Ph. D.)를 받았다. 현재 필라델피아 기쁨의교회 담임목사이며, 필라델피아 웨스트민스터 신학교에서 변증학 겸임교수와 '한국 교회 연구를 위한 사랑센터' 소장으로 있다.

상대주의 문명에 던지는 반성적 통찰

박성일*

C. S. 루이스를 낭만주의자라고 부른다. 어떤 이들은 그를 좀더 균형 있게 평가하려고 고민하며, 모순 같으나 그에게 낭만주의적 이성주의자Romantic Rationalist라는 이중적인 정체성을 부여하기도 한다. 어쨌든 그가 낭만주의적 성향을 갖고 있다는 것은 누구도 부인할 수 없을 것이다.

일반적으로 낭만주의라 하면, 18세기 말에 유럽을 휩쓸었던 철학 운동으로, 차갑고 축소주의적인 이성의 역할보다는 시적인 창의력 · 직감 · 감정 · 주관적 경험에 더 많은 강조를 두는 경향이라고 말할 수 있다.

그런데 루이스를 비롯하여 20세기 중반 옥스퍼드를 중심으로 형성된 기독교 낭만주의자들은 초월적이며 객관적인 절대자에 대한 신앙 중심으로 사고의 틀을 구성하고 있었다. 그들을 낭만주의라 함은, 초월적 절대 가치가 인간에게 드러나는 과정이 이성reason 뿐 아니라 창의력imagination이라는 도구를 통하여 감정과 경험을 통해 전달된다고 믿었기 때문이다. 하나님으로부터 오는 절대적 미학 또는 윤리적 가치가 인간에게 보편적으로 증거되어 있음을 강조했던 것이다.

　루이스는 제2차 세계대전이 한창이던 1941년에 BBC 방송을 통하여 절대적인 가치 기준의 실재에 대하여 자신의 견해를 분명하게 드러냈다. 이 내용이 나중에 《순전한 기독교》의 제1장을 형성하게 되었는데, 전쟁 중에 절대적 가치 기준을 논한다는 것은 그 나름대로 중요한 상황적 의미가 있다.

　선과 악의 구분이 불가능하다면, 전쟁이 오직 개인이나 국가의 생존에 대한 의미만을 내포하고 있다면, 생명을 바치며 적과 싸운다는 것은 큰 의미가 없다. 과연 나치 정권의 군사주의나 아리안 혈통의 우월주의는 나의 생명을 던져서라도 막아야 하는 악의 세력인가? 서구의 문명사회를 하루아침에 혼란으로 몰고 간 히틀러의 광적인 야망이나, 극동의 힘의 균형을 깨고 침략과 문화적 탄압으로 태평양 연안을 피비린내 나는 전장으로 몰고 간 일본의 제국주의가 선과 악의 틀로는 도저히 규명할 수 없는 중립적인 것이라면 왜 저들과 맞서서 싸워야 하는 것인가?

21세기에 이르러서, 이와 같은 가치관의 질문 자체가 세련되어 보이지 않는 까닭은 후기 현대주의적 상대주의 또는 다원주의가 오늘의 문화에 깊이 침투해 있기 때문일 것이다. 물론 다원주의는 나치의 침략이나 일본 제국주의의 만행을 악으로 규정하는 것 역시 비非다원주의적 발상이라고 비난하겠지만 아울러 그것을 적극적으로 대항할 만한 근거 제공도 하지 못한다. 싸울 이유는 한쪽뿐 아니라 양쪽 다 없다는 논리이기 때문이다. 그런데 절대적인 가치 기준을 의심하는 가운데서도 오직 '허용tolerance'이라는 가치만은 유일하게 애써 지켜야 할 절대 가치가 되었으니 이것도 모순이라고 할 수 있을 것이다.

그런데 상대주의는 이미 루이스 시대에 유럽에 범람하고 있었다. 1942년에 루이스가 《인간 폐지》라는 책을 착상하게 된 동기는 바로, 그런 사고가 어린 학생들을 위한 교육 커리큘럼에 등장한 것을 발견했기 때문이다. 두 권의 영어 교과서가 그 중심에 있었다. 하나는 《언어의 통제 *The Control of Language*》(1940)로 알렉스 킹과 마틴 케틀리라는 오스트레일리아 사람들이 저술한 것이고, 또 다른 한 권은 《영어 강독과 작문 *The Reading and Writing of English*》(1936)으로 E. G. 비아기니가 저자였다. 《인간 폐지》에서는 킹과 케틀리를 가이우스와 티티우스라는 가명으로 불렀고 책이름을 《녹색책 *The Green Book*》이라고 칭했다. 비아기니는 오르빌리우스로 바꿔 불렀다. 루이스는 이 책들의 내용이 영어를 가르치는 것 외에 일정한 철학적 사상을 파급하여, 지각이 형성돼 가는 과정 중에 있는 학생들에게 치명적인 영향을 미치게 되리라는 점에서 경악을 감추지 못했다.

1943년 2월에 루이스는 더럼 대학에서 리델 기념 강연의 강사로 초대되어 세 번의 강연을 하게 되었다. 이 기회에 그는 위에 언급한 두 책에 대한 비평을 시발점으로 하여 상대주의를 비판하고 참교육의 기초가 절대적인 가치 기준의 인정으로 시작되어야 한다고 주장하게 되었다. 그 강좌의 내용이 곧 "Reflections on Education with Special Reference to the Teaching of English in the Upper Forms of Schools"라는 긴 부제가 달린 책, 즉《인간 폐지》로 출판되었던 것이다.

루이스에게 그토록 충격이 되었던 교과서의 내용이 무엇이었는지는 이 책의 첫 장을 열면 자세하게 알 수 있다. 요약해서 말하자면, 사람이 어떠한 사물을 보고 느끼는 감정은 사물 그 자체의 본질에 대한 설명이라기보다는 그것을 보는 사람의 내면적 감정을 표현하는 것일 뿐이라는 주장이다. 이는 주관주의 · 상대주의의 극단적인 모습이라고 말할 수 있다.

루이스는 이에 대한 반박으로 절대적 가치관이 인간 본연의 모습 안에 드러나 있다고 주장하고 있다. 자연의 법칙the Natural Law이란 것이 단지 물리적 원칙만이 아니고 도덕적 법칙으로 편만하게 드러나 있다는 것이다. 루이스는 이러한 자연적 도덕률을 '도'라는 동양의 함축적인 단어를 동원하여 설명하고 있다.

그런데 왜 하필이면 '도'라는 단어를 쓰는 것일까? 아마도 루이스는 이 절대적인 가치 기준이 기독교 문화를 배경으로 하는 서구에서만 주창된 것이 아니고 그것과 맞상대가 될 만한 중국을 중심으로 한 동양 사상에 도리어 뚜렷하게 나타나 있다는 점을 강조하려고 했던 것 같다. 사실 루이스는 이 책의 부록에 세계 여러 종교와 문명을 대표하는 문서에서 발견되는 도덕률을 대조하는 장황한 근거 자료를 제시하고 있다. 결국 그의 주장에 의하면 가치관은 시대에 따라, 또는 여러 문화에 따라 제각기 다르게 생성되는 것이 아니며 모든 시대와 민족과 문화를 초월하여 공통적·보편적으로 드러날 수밖에 없는 객관적인 실재라는 것이다.

루이스는 인간이 더 이상 인간이 아닌 짐승이 되는 경우는 바로 이러한 절대적인 가치 기준을 망각하거나 또는 더 이상 그것에 대한 복종 의지가 상실되는 경우라고 말한다. 머리가 이해understanding와 사고력thinking을 뜻한다면 배는 본능instinct과 충동impulses이라는 상징적인 표현을 쓰면서 머리와 배 사이에 있는 기관, 즉 가슴이 있어야만 인간이 인간으로서의 조건이 충족된다고 주장한다. 가슴이란 정착된 가치관의 형성과 그 가치관에 따라 훈련된 감정trained emotion을 뜻한다. 이 가치관은 사람마다 다른 기준을 갖고 있는 것이 아니라 악한 것은 악으로, 선한 것은 선으로 인정하고 반응할 수 있는 보편적인 도덕의식에 바탕을 둔 것이라고 말할 수 있다. 이 훈련된 감정은 곧 살아 있는 양심으로 이해될 수도 있을 것이다. 배를 따라 행동하기보다는 머리에 따라 행동할 수 있도록 힘을 받쳐 주는 기관이 바로 가슴이다. 아울러 배를 지배하고 다스리는 것 또한 가슴이 하는 일이다. 그래서 무서운 도전 앞에서도 담대할 수 있고, 견디기 어려운 상황에서도 인내할 수 있고, 나의 권리와 이익을 떠나 상대를 배려하는 여유를 가질 수도 있는 것이다.

가슴이 없는 사람은 생각은 생각대로 하지만 행동은 본능에 따라 움직이게 된다. 소위 신앙인이라 하더라도 훈련된 감정과 의지력이 결여 된다면 신앙은 머리에서 맴돌고 행동은 여전히 본능적이며 충동적인 상태를 면하지 못할 것이다.

상대주의적 교육이 무서운 것은 가슴이 없는 인간을 만들어 낸다는 점이다. 건전한 가치관을 상실하게 하고서, 건강한 사람들로 형성된 건강한 사회를 기대한다는 것은 불가능한 일이다. 이는 심장을 빼내어 버리고서 달려 보라고 명령하는 것이나, 꽃을 떼어버리고서 열매를 맺으라고 하는 것과 같다. 루이스의 말대로 현대

인은 신의에 대하여는 웃어넘기면서 자신들 안에 배반자가 있다는
사실에는 놀라는 모순을 범하고 있는 것이다.

　이제 마지막으로 '도'에 대한 신학적 평가가 필요할 것 같다.
혹자는 루이스의 시도가 마치 비교종교학 같이 보인다고 우려할
수도 있고, 마치 모든 종교가 결국은 같은 진리를 말한다고 주장
하는 종교 다원주의적 발상이 아닌가 하고 의문시할지도 모르겠
다. 오늘날 한국 교회의 상황을 기준으로 할 때 루이스가 결코 보
수주의자가 아닌 것은 부인할 수 없는 사실이다. 그러므로 마치
루이스를 보수주의자로 또는 복음주의자로 규정하기 위해 그를 방
어하려는 노력은 그리 희망적이지 않다.
　그러나 반면 그가 당시 신학적 자유주의, 즉 복음을 윤리적 교
훈으로 축소시킨다든지, 자연주의적 전제에 빠져 기적을 한사코
부인하거나 이에 따라 성경을 비신화화demythologizing한다든지
하는 시도에 대해서는 과격할 정도로 정면 비판하고 나섰다는 사
실을 잊어서는 안 된다. 루이스의 신학에는 인간은 하나님의 초자
연적인 은혜로만 구원받을 수 있고 삶의 가치를 회복할 수 있으며
영원한 천국을 사모하며 살 수 있다는 점을 분명히 하고 있음을
부인할 수 없다. 그러므로 루이스가 '도'를 논하는 의미를 종교 다
원주의로 몰아서는 안 된다. 다만 루이스는, 하나님의 절대적 선
이 모든 인간의 마음에 그림자처럼 드리워져 있다는 것을 확고하

게 인식하고 주장하고 있는 것이다. 그리고 그 자체가 복음은 아니지만 복음으로 이끄는 중요한 첫 단추가 된다고 인정하는 것이다. 이는 초대 교회의 사도로 로마서의 저자인 바울이 선과 악의 판단이 모세의 율법을 소유한 유대인들뿐 아니라 "율법 없는 이방인이 본성으로 율법의 일을 행할 때는 이 사람은 율법이 없어도 자기가 자기에게 율법이 되나니 이런 이들은 그 양심이 증거가 되어 그 생각들이 서로 혹은 송사하며 혹은 변명하여 그 마음에 새긴 율법의 행위를 나타낸다"고 말한 것을 반영한다고 할 수 있다.

그러나 루이스는 이러한 도덕률이 구원을 이루지 못한다는 사실을 《순전한 기독교》에서 주장한다. 그에 따르면, 인간이 갖고 있는 내면적 갈등은 무엇이 옳고 그른 것인지 의식하면서도 결국 일관성 있게 옳은 것을 택하지 못하며 끊임없이 악을 반복하고 있다는 것이다. 결국 구원의 문제는 '가슴'만으로 해결될 수 있는 것은 아님을 루이스는 인정하고 있다. 더 깊은 곳에 있는 심령의 변화가 이루어져야 한다는 것, 그리고 그것이야 말로 기적 중에 기적이라는 것을 루이스는 알고 있었다. 일반은총과 특별은총 모두 하나님께서 베푸시는 은혜임에 틀림없지만 두 가지가 동일하지 않으며 혼동될 수 없음을 그는 인식하고 있었던 것이다.

그러나 여전히 《인간 폐지》는 현대를 살아가는 모든 사람들이 깊이 생각해 봐야 할 인류 공동체적 문제임이 분명하다. 도덕률 없이는 사회의 악이 억제되거나 순화되지 못하고, 악에서 악으로 치닫게 될 것이다. 그리고 바른 의식을 상실한 충동적 인간으로 이루어진 욕구 만족형 사회는 루이스의 다른 책에서 그토록 의미심장하게 그려내고 있는 지옥 그 자체인 것이다.

인간 폐지
The Abolition of Man

지은이 C. S. 루이스
옮긴이 이종태
펴낸곳 주식회사 홍성사
펴낸이 정애주
국효숙 김의연 박혜란 손상범
송민규 오민택 임영주 차길환

2006. 2. 22. 양장 1쇄 발행   2017. 6. 9. 양장 10쇄 발행
2019. 2. 22. 무선 1쇄 발행   2024. 7. 15. 무선 5쇄 발행

등록번호 제1-499호 1977. 8. 1.
주소 (04084) 서울시 마포구 양화진4길 3 전화 02) 333-5161 팩스 02) 333-5165
홈페이지 hongsungsa.com 이메일 hsbooks@hongsungsa.com
페이스북 facebook.com/hongsungsa
양화진책방 02) 333-5161